KB115141

한 권으로 끝내는

사회적기업 비즈니스 모델 30

한 권으로 끝내는
사회적기업
비즈니스 모델 30

초판 1쇄 인쇄 2021년 11월 24일
초판 1쇄 발행 2021년 11월 30일

지은이   손정환
펴낸이   한준희
펴낸곳   ㈜새로운 제안

책임편집 장아름
디자인   이지선
마케팅   문성빈, 김남권, 조용훈
영업지원 손옥희, 김진아

등록   2005년 12월 22일 제 2020-000041호
주소   (14556) 경기도 부천시 조마루로385번길 122 삼보테크노타워 2002호
전화   032-719-8041
팩스   032-719-8042
이메일   webmaster@jean.co.kr
홈페이지 www.jean.co.kr

ISBN   978-89-5533-624-5 (13320)

한 권으로 끝내는

사회적기업
비즈니스 모델 30

성공하는 사회적기업을 위한
30가지 비즈니스 모델 이야기

새로운제안

차례

부록

머리말

　동전의 양면처럼 사람에게는 항상 장단점이 공존한다. 대부분의 사람은 장점을 드러내려 하지만 오히려 단점을 최소화하거나 단점을 장점으로 만드는 전략이 필요하다.

　사회적기업은 사회적 가치와 경제적 가치를 동시에 추구하는 기업으로, 단점투성이 기업이지만 그 수는 2007년 「사회적기업 육성법」에 따른 인증제도가 처음 시행된 뒤 55개사에서 2021년에는 3,064개사로 무려 557%가 증가했다. 지금 본 책을 읽는 당신도 이제 막 사회적기업을 시작했거나 곧 도전할 것이라고 생각한다. 사회적기업은 비록 단점이 많은 기업이지만 그 단점을 넘어 우리가 함께 살아가는 사회의 소중한 가치를 만들어가는 기업이다.

　"당신의 소셜미션은 무엇인가?"

　사회적기업을 준비하거나 시작하려는 창업자가 가장 처음 듣는 질문이자 가장 많이 듣는 질문이다. 소셜미션은 사회적기업의 정체성을 표현하는 짧은 문장이지만 사회적 가치를 표현하는 문장이자 비즈니스 모델을 구축하는 데 가장 중요한 요소다. 본 책은 사회적기업에 대한 기본 이해를 시작으로 창업 준비단계에서 필요한 기본 개념, 국내 여러 사회적기업의 사례를 바탕으로 비즈니스 모델을 소개한다.

2020년 이후 대기업과 공공기관의 ESG 투자가 트렌드로 자리잡음으로써 유엔총회에서 2030년까지 '지속가능발전목표(Sustainable Development Goals; SDGs)'를 발표했다. 우리는 지속 가능한 발전을 위해 인류 공동의 17개 목표에 관심을 두어야 한다. 기업의 CSR 활동은 SDGs에 의해 보고서로 만들어지고 있으며 본 책에서 대상이 되는 지표와 취약계층을 확인할 수 있다.

비즈니스 모델은 한순간에 만들어지지 않는다. 예비·초기 창업자에게는 더더욱 그렇다. 가장 좋은 방법은 유사한 기업들을 관찰하고 분석해 나만의 모델로 성장시키는 것이다. 막연한 두려움을 가진 이들에게 본 책이 분명 도움이 될 것이다.

10년 동안 다양한 강의와 컨설팅을 통해 모은 자료를 세상에 선보이게 되어 가슴이 벅차다. 소중한 자료를 제공해주신 사회적협동조합 SE바람의 김동권 이사님, 사회적기업 관련 자료와 비즈니스 모델을 함께 정리해준 이용수 팀장에게도 감사의 마음을 전한다. 마지막으로 본 책을 마무리할 수 있도록 항상 곁에서 응원해준 소병인 대표, 손민준에게도 다시 한 번 감사의 말을 전하고 싶다.

누구나 단점은 있다! 그러나 그 단점을 넘어 기회로 만드는 당신이 되길 바란다.

2021년 11월

손정환

  SK그룹 계열사에서 30년을 근무하고 퇴직했다. 노년의 삶은 사회공헌과 봉사로 보내자는 생각에 사회적경제 영역에 입문한 지도 어언 6년 차가 되어 간다. 30년간 대기업에서 경영전략과 다양한 신규사업 개발 경험을 살려 사회적경제 조직의 창업과 경영에 도움을 주고자 시작했다. 하지만 거대한 조직에서 일했던 경험은 결이 다른 사회적경제 생태계를 이해하는 데 많은 시행착오를 겪게 했다. 그리고 이때 만난 귀인이 바로 손정환 대표다. 처음에는 동료로 만났지만 나에게는 멘토 같은 스승이다.

  사회적기업에 대해 알고자 관련 서적을 섭렵하며 지식을 습득하던 때였다. 하지만 경험 없이 현장에서 부딪히는 실상은 엄청난 괴리를 느끼게 했고 여러 갈등을 안겨 주었다. 이런 나의 의문과 고민에 손정환 대표는 사이다 같은 설명과 답변을 주었다. 내가 사회적경제 영역에 쉽게 안착하는 데 많은 도움이 되었다.

  손정환 대표의 사회적기업에 대한 해박한 실무지식과 이해는 수년간 온몸으로 직접 체험하고 학습하며 습득한 것이다. 각종 창업 공모전에 응모해 상을 받았고 경기도 31개 시·군을 돌며 사회적기업 창업과 인증 지원업무를 담당했다. 이를 바탕으로 직접 사회적경제 조직을 설립했고 예비 창업자와 사회적기업가에게 컨설팅과 교육을 제공했다. 또한 내가 경기도 따복공동체지원센터장으로 근무할 때 사회적경제지원실의 성장지원팀장으로 영입해 경기도의 사회적경제 발전에도 커다란 기여를 했다.

『한 권으로 끝내는 사회적기업 비즈니스 모델 30』의 원고를 받아 보았을 때는 "역시!"라고 감탄할 수밖에 없었다. 본 책은 손정환 대표가 수년간 사회적경제 영역에서 활동하며 쌓은 경험과 지식의 암묵지를 집대성한 것이다. 이 분야에 입문하려는 초심자와 이미 활동하고 있는 사람에게 나침반 역할을 하기에 충분하다.

본 책의 구성은 사회적기업을 이해하고 조직을 설립하기 위한 기본 지식부터 창업에 필요한 실무를 간단하고 명확하게 설명했고, 광의적 관점에서 SDGs와의 관계를 풀어준 것도 인상적이다. 하이라이트는 국내 30개 사회적기업 비즈니스 모델을 유형별로 분석, 구조화한 것이다. 내가 사회적경제 창업아카데미를 운영하며 발견한 것은 창업과 경영 경험이 없는 참가자는 사업계획 수립을 가장 어려워했다는 점이다. 이 중에서도 가장 힘들어하는 게 비즈니스 모델이다. 시중에 다수의 사회적기업 관련 책이 있지만 방대한 분량과 스토리 중심의 내용은 습득하는 데 오랜 시간이 걸리고 이해하기도 어렵다. 본 책은 예비 창업자가 아이디어를 체계적으로 구조화해 비즈니스 모델을 설계하는 데 큰 도움이 될 것이다.

나는 손정환 대표와 일하며 소중한 지식과 경험을 전수받았다. 사회적기업 예비 창업자라면 나와 마찬가지로 본 책을 통해 다양한 노하우를 전수받을 수 있다.

엘빈 토플러는 "21세기 문맹은 읽고 쓸 줄 모르는 사람이 아니라 배우고 잊어버리고 또 배울 줄 모르는 사람이다"라고 했다. 손정환 대표는 끊임없이 배우고 실천을 거듭하며 변신을 시도하는 디지털 노마드라고 생각한다. 지금도 현장에서 새로운 사업영역을 개발하고 필요한 인프라를 준비하는 그에게 격려의 박수를 보낸다.

2021년 11월
사회적협동조합 SE바람 이사장 **권세진**

1장

사회적기업의
이해

01

예비사회적기업이란?

　우리가 사회적기업을 이해할 때 흔히 혼동하는 것 중 하나가 예비사회적기업과 사회적기업의 구분이다. 예비사회적기업은 사회적 가치를 창출하는 기업이 (인증)사회적기업의 요건을 갖추기 전 광역지방자치단체장 또는 중앙부처장이 지정하는 유형이다.

　2021년 8월 기준, 전국의 예비사회적기업은 1,775개사가 지정되어 있으며 수도권 지역서울, 경기, 인천에 33.9%로 집중되어 있다.

도표 1-1 전국 예비사회적기업 현황(2021년 8월 기준)

지역	개수	지역	개수	지역	개수
서울	219	울산	37	전북	74
부산	76	세종	15	전남	117
인천	48	경기	334	경북	143
대구	71	강원	146	경남	116
대전	84	충북	99	제주	83
광주	38	충남	75		
총 1,775개사					

출처 : 한국사회적기업진흥원

Q 사회적기업이 되기 위해서는 예비사회적기업 지정이 꼭 필요한가요?

A 예비사회적기업을 거치지 않고도 바로 사회적기업으로 인증받을 수 있으며 예비사회적기업 지정을 받은 뒤 3년 이내에 사회적기업이 될 수 있습니다. 다만 초기기업의 경우 예비사회적기업 지정기간인 3년 동안 재정과 컨설팅 지원을 받으며 비즈니스 모델을 지속함으로써 앞으로 기업이 성장하는 데 도움이 될 수 있습니다.

예비사회적기업의 구분

예비사회적기업은 크게 '지역형 예비사회적기업'과 '부처형 예비사회적기업'으로 나눌 수 있다. 지역형 예비사회적기업은 사회적 목적 실현과 영업활동을 통한 수익 창출 등 사회적기업 인증을 위한 최소한의 법적 요건은 갖추고 있으나 수익구조 등 일부 요건을 충족하지 못하는 기업으로, 17개 권역의 광역지방자치단체장이 지정한 기업이다. 요건을 보완하는 등의 방법으로 향후 사회적기업으로 인증이 가능하다. 다만 지역형 예비사회적기업은 사업장의 주소 이전 시 이전된 시·도에서 다시 예비사회적기업 지정을 받아야 한다.

지역형 예비사회적기업에 대한 자세한 문의는 한국사회적기업진흥원, 사회적기업통합지원기관, 각 광역지방자치단체 사회적경제 지원부서에 할 수 있다.

부처형 예비사회적기업은 사회적 목적 실현과 영업활동을 통한 수익 창출 등 사회적기업 인증을 위한 최소한의 요건을 갖춘

기업으로, 중앙부처장이 지정해 장차 요건을 보완하는 등의 방법으로 사회적기업으로 인증이 가능하다. 부처 소관 분야별로 특화된 사업을 육성하기 위해 중앙부처 특성에 맞는 별도의 지정요건을 설정해 부처형 예비사회적기업 지정제도를 운영하고 있다. 또한 부처형 예비사회적기업은 사업장 주소를 이전하더라도 주소지 변경만으로 예비사회적기업을 유지할 수 있다.

부처형 예비사회적기업은 각 부처의 공식 홈페이지와 한국사회적기업진흥원을 통해 공고를 확인할 수 있다.

도표 1-2 **전국 부처형 예비사회적기업 현황(2020년 12월 기준)**

부처	개수	부처	개수
고용노동부	563	보건복지부	88
국토교통부	124	산림청	108
농림축산식품부	52	여성가족부	38
문화체육관광부	55	통일부	5
문화재청	18	환경부	37

총 1,088개사

출처 : 한국사회적기업진흥원, 부처형 예비사회적기업 통합지원기관 '신나는조합'

Q 지역형과 부처형 예비사회적기업 중 어느 것이 좋나요?

A 지역형과 부처형 예비사회적기업 지원에 차별은 없습니다. 기업의 소셜미션에 따라 유리한 것으로 지역형 또는 부처형 예비사회적기업을 선택하면 되고 둘 중 한 가지만 지정받을 수 있습니다.

예비사회적기업의 지정기간과 지정요건

지역형과 부처형 예비사회적기업 모두 지정기간은 3년이다. 유사사업_{마을기업, 농어촌공동체회사, 기초자치단체 지정 예비사회적기업}에 참여한 경우 해당 사업에 참여한 기간을 지정기간에 합산한다. 또한 유사사업 참여기업으로 선정된 경우 지역형과 부처형 예비사회적기업으로 중복 지정이 가능하나 유사사업 참여기업에 대한 사업비 지원과 예비사회적기업 재정 지원은 중복이 불가능하다.

예비사회적기업 지정기간인 3년이 지나면 예비사회적기업으로서의 혜택을 받을 수 없게 된다. 지정기간은 사회적기업을 준비하는 최대한의 기간을 의미하기도 하므로 인증을 준비하는 시간이 적게 소요된다면 예비사회적기업 지정 뒤 바로 사회적기업 인증을 신청할 수 있다.

예비사회적기업 지정요건은 「사회적기업 육성법」 제8조, 제9조 제1항에 따른 사회적기업 인증요건 중에서 다음의 요건_{광역자치단체장 또는 중앙부처장이 지역 특성 등을 고려해 요건을 추가로 설정할 수 있음}을 갖춘 조직을 예비사회적기업으로 지정할 수 있다. 예비사회적기업은 사회적기업과 마찬가지로 크게 5가지 유형으로 신청 가능하다._{26쪽 참조}

◇ 조직형태 : 「민법」에 따른 법인·조합, 「상법」에 따른 회사·합자조합, 특별법에 따라 설립된 법인 또는 비영리민간단체 등 대통령령으로 정하는 조직형태를 갖추어야 한다._{26쪽 참조}

◇ 유급근로자 고용 : 사회적기업과 달리 반드시 유급근로자를 고

용하지 않아도 된다. 다만 일자리제공형^{26쪽 참조}은 유급근로자를 평균 1명 이상^{6개월 평균, 영업활동이 6개월 미만일 경우 그 기간 평균} 고용해야 한다.

◇ 사회적 목적의 실현 : 취약계층에게 사회 서비스 또는 일자리를 제공하거나 지역사회에 공헌함으로써 지역주민의 삶의 질을 높이는 등 사회적 목적의 실현을 주된 목적으로 해야 하고 「사회적기업 육성법」 시행령 제9조에 따른 5가지 유형 중 하나의 기준을 충족해야 한다.^{28쪽 참조}

◇ 영업활동의 수행 : 공고일이 속하는 달에 재화나 서비스를 생산, 판매하는 등 영업활동을 수행하고 있어야 한다. 다만 사회적기업과 달리 매출이 없더라도 사회적 목적의 실현이 명확하다면 평가 시 참고될 수 있다.

◇ 정관의 필수사항 : 「사회적기업 육성법」 제9조에 따른 사항을 적은 정관이나 규약 등을 갖추어야 한다.^{30쪽 참조}

◇ 이윤의 사회적 목적 사용 : 「상법」에 따른 회사·합자조합 등의 경우 회계연도별로 발생한 배분 가능한 이윤의 3분의 2 이상을 사회적 목적을 위해 사용해야 한다.^{30쪽 참조}

사회적경제기업이란?

　흔히 사회적경제기업이라는 단어를 자주 사용한다. 사회적경제는 사회적 목적과 민주적 운영, 관리 체계를 가진 호혜적 경제활동과 나눔의 재분배 원리로 움직이는 경제로, (예비)사회적기업, (사회적)협동조합, 마을기업, 자활기업 등이 사회적경제기업의 대표적인 유형이다. (예비)사회적기업과 마을기업, 자활기업은 개인사업자 이외의 모든 기업이 신청할 수 있는 인증제도이며 (사회적)협동조합은 회사의 형태를 의미한다. 또한 일반 협동조합은 영리기업, 사회적협동조합은 비영리기업으로 구분할 수 있다. 어떤 기업형태든 본인이 가장 활용하기 좋은 기업의 형태를 선택하면 된다. 다음 표는 사회적경제기업의 법적 형태를 한눈에 보기 쉽게 정리한 것이다.

구분	상법					협동조합 기본법		민법
기업 구분	주식회사	유한회사	유한책임회사	합명회사	합자회사	협동조합		사단법인
						일반	사회적	
사업 목적	이윤 극대화					조합원 실익 증진		공익 또는 영리를 추구하지 않을 것
운영 방식	1주 1표	1좌 1표	1인 1표			1인 1표		1인 1표
설립 방식	신고제					신고 (영리)	인가 (비영리)	허가제
책임 범위	유한책임			무한책임	무한+유한책임	유한책임		해당 없음
규모	대규모	주로 중·소규모				소규모+대규모		주로 소규모
성격	물적결합	물적+인적결합	물적+인적결합	인적결합	물적+인적결합	인적결합		인적결합
사업 예시	대기업 집단	중소기업	(美)벤처, 컨설팅, 전문 서비스업 등	법무법인 등	사모투자 회사	일반 경제 활동 분야	의료 협동 조합	학교, 병원, 자선단체, 종교단체 등
	삼성전자㈜ 등	세무법인 하나 등	(美) Dream Works Animation LLC	법무법인 율촌 등	미래에셋 PEF 등			
	영리법인							비영리법인
	사회적기업 / 마을기업							

02

사회적기업이란?

　'사회적기업Social Enterprise'이란 재화나 서비스를 생산, 판매해 수익을 창출하는 기업이지만 그 활동의 동기가 사주나 주주의 이익 실현이 아닌 사회적 목적을 실현하는 것인 기업을 말한다. 우리가 흔히 볼 수 있는 영리기업이 이윤 추구를 목적으로 영업활동을 하는 데 반해 사회적기업은 사회 서비스 제공, 각종 사회문제 해결, 지역 통합, 일자리 창출 등의 사회적 목적을 위해 영업활동을 한다는 점에서 차이가 있다.

도표 1-3 사회적기업의 개념

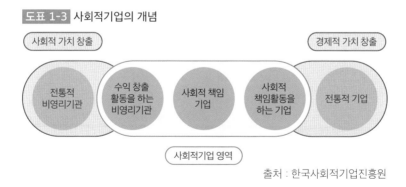

출처 : 한국사회적기업진흥원

사회적기업은 사회적기업 인증제도가 처음 도입된 2007년도 55개사를 시작으로 2013년 1,012개사, 2018년 2,122개사에 이어 2021년 8월 3,064개사가 고용노동부 인증기업이 되었다. 예비사회적기업과 유사하게 수도권 지역^{서울, 경기, 인천}에 41.3%로 집중되어 있다.

도표 1-4 전국 사회적기업 현황(2021년 8월 기준)

지역	개수	지역	개수	지역	개수
서울	549	울산	108	전북	179
부산	149	세종	20	전남	165
인천	193	경기	524	경북	204
대구	114	강원	171	경남	149
대전	86	충북	126	제주	76
광주	131	충남	120		
총 3,064개사					

출처 : 한국사회적기업진흥원

사회적기업의 법적 정의는 「사회적기업 육성법」에서 명시하고 있다. '취약계층에게 사회 서비스 또는 일자리를 제공해 지역주민의 삶의 질을 높이는 등의 사회적 목적을 추구하면서 재화 및 서비스의 생산, 판매 등 영업활동을 하는 기업'을 말한다. 또한 주주나 소유자를 위한 이윤 극대화를 추구하기보다 사회적 목적을 우선으로 추구하면서 이를 위해 이윤을 사업 또는 지역공동체에 다시 투자하는 기업을 가리킨다.

사회적기업 인증제도의 시작

외환위기 이후 공공근로, 자활 등 정부의 재정 지원에 의한 일자리가 짧은 기간 확대되었으나 안정적인 일자리로 연결되지 못하자 그 효과성에 대한 논란이 지속해서 제기되었다. 2000년대 들어서는 고용 없는 성장의 구조화, 사회 서비스 수요 증가 등의 대안으로 유럽 사회적기업 제도의 도입 논의가 본격화되었다. 이어서 비영리 법인과 단체 등 제3섹터를 활용한 안정적인 일자리 창출과 양질의 사회 서비스 제공 모델로서 사회적기업 도입 논의가 구체화되었다.

사회적기업은 공동체 니즈에 적합한 사회 서비스를 확충하고 취약계층에게 안정적인 일자리를 제공해야 한다. 더불어 지역의 인적, 물적 자원을 활용해 고용과 복지를 확대하고 경제 활성화에 기여해야 한다. 최근 저성장, 저고용으로 고용구조가 변화하고 저출산, 고령화 등으로 인한 여러 사회적 문제가 대두됨에 따라 노동시장 격차와 고용 불안정성 해소를 위해 '착한 소비', '따뜻한 일자리'를 제공하는 사회적기업의 육성과 역할이 필요하게 되었다. 그리하여 2007년 7월 「사회적기업 육성법」 시행을 시작으로 사회적기업의 확산과 체계적인 지원을 위해 기본 계획 수립, 관계 부처 협의체 육성 TF를 구성·운영하는 등 국가적으로 사회적기업 활성화를 위한 계획을 추진하고 있다.

사회적기업의 인증유형과 인증요건

사회적기업은 예비사회적기업과 달리 고용노동부에서만 인증하며 사회적기업 인증은 한국사회적기업진흥원을 통해 신청, 관리, 운영되고 있다.

사회적기업의 인증유형을 살펴보면 예비사회적기업과 마찬가지로 크게 5가지 유형으로 신청 가능하며 조직의 주된 목적이 무엇인지에 따라 그 유형이 달라진다.

• 일자리제공형 : 취약계층 대상 일자리 제공
• 사회서비스제공형 : 취약계층 대상 사회 서비스 제공
• 지역사회공헌형 : 지역사회에 대한 공헌
• 혼합형 : 취약계층 대상 일자리와 사회 서비스 제공
• 기타(창의·혁신형)형 : 사회적 목적의 실현 여부를 계량화해 판단하기 곤란한 경우

사회적기업은 예비사회적기업보다 인증요건이 더욱 강화된다. 「사회적기업 육성법」 제8조, 제9조 제1항에 따른 사회적기업 인증요건 중에서 다음의 요건을 갖춘 조직을 사회적기업으로 인증한다.

◇ 조직형태 : 「민법」에 따른 법인·조합, 「상법」에 따른 회사·합자조합, 특별법에 따라 설립된 법인 또는 비영리민간단체 등 대통령령으로 정하는 조직형태를 갖추어야 한다.
  - 「민법」에 따른 법인·조합
  - 「상법」에 따른 회사·합자조합
  - 「공익법인의 설립·운영에 관한 법률」 제2조에 따른 공익법인
  - 「비영리민간단체지원법」 제2조 제2호에 따른 비영리민간단체

- 「사회복지사업법」 제2조 제3호에 따른 사회복지법인
- 「소비자생활협동조합법」 제2조에 따른 소비자생활협동조합
- 「협동조합기본법」 제2조에 따른 협동조합, 협동조합연합회, 사회적협동조합, 사회적협동조합연합회
- 그 밖의 다른 법률에 따른 비영리단체
- 사회적기업 인증가능 조직형태 예시 : 사단법인, 재단법인/ 주식회사, 유한회사, 합자회사, 합명회사, 합자조합/ 유한책임회사/ 공익법인/ 비영리민간단체/ 사회복지법인/ (사회적)협동조합^{일반법과 개별법에 따른 모든 협동조합과 그 연합회 포함}/ 영농(영어)조합법인, 농업(어업)회사법인 등 법인형태이며 개인사업자는 불가

◇ 유급근로자 고용 : 유급근로자를 고용해 재화와 서비스의 생산, 판매 등 영업활동을 수행해야 한다.
- 사회적기업 인증 신청 기업은 신청 전월 말 기준 1명 이상의 유급근로자를 고용해야 한다.
- 일자리제공형은 평균 3명 이상^{6개월 평균, 영업활동이 6개월 미만일 경우 그 기간 평균} 고용해야 한다.

TIP

고용형태에 상관없이 고용보험에 가입된 자를 모두 유급근로자로 인정 : 상시근로자뿐만 아니라 기간제근로자, 단시간근로자 등 사업을 위해 고용된 자는 모두 유급근로자에 포함한다.
- 유급근로자 수는 고용보험에 가입된 피보험자 수로 산정한다.
  ※ 단, 기간제로 등록된 근로자는 명확한 이유에 대한 소명 필요
- 대표자의 배우자, 대표자와 배우자의 직계존비속, 임원은 고용보험 가입 여부와 관계없이 유급근로자 수 산정에서 제외한다. 다만 근로자 대표인 등기임원은 유급근로자 수에 포함한다.
- 사회적기업 인증 신청 기업은 유급근로자 고용에 있어 「근로기준법」 「최저임금법」 「직업안정법」 등 고용, 노동 관계 법령과 신청 기업의 사업과 관련한 현행법을 준수해야 한다.

◇ 사회적 목적의 실현 : 취약계층에게 사회 서비스 또는 일자리
를 제공하거나 지역사회에 공헌함으로써 지역주민의 삶의 질
을 높이는 등 사회적 목적의 실현을 주된 목적으로 해야 하고
「사회적기업 육성법」시행령 제9조에 따른 5가지 유형 중 하
나의 기준을 충족해야 한다.
- 일자리제공형 : 취약계층 대상 일자리 제공, 전체 근로자 중
  취약계층 고용비율이 30% 이상
- 사회서비스제공형 : 취약계층 대상 사회 서비스 제공, 전체
  서비스 수혜자 중 취약계층 비율이 30% 이상
- 지역사회공헌형 : 지역사회에 대한 공헌
  • 주된 목적이 지역의 인적, 물적 자원을 활용해 지역주민의
    소득과 일자리를 늘리는 것일 경우 해당 조직의 전체 근로
    자 중 해당 조직이 있는 지역에 거주하는 취약계층^{지역 취약계층}
    의 고용비율이나 해당 조직으로부터 사회 서비스를 받는
    사람 중 지역 취약계층 비율이 20% 이상
  • 주된 목적이 지역의 빈곤, 소외, 범죄 등 사회문제를 해결
    하는 것일 경우 해당 부분이 조직의 전체 수입 또는 지출의
    40% 이상
  • 주된 목적이 지역에서 사회적 목적을 우선으로 추구하는
    조직에 대해 컨설팅, 마케팅, 자금 등을 지원하는 것일 경
    우 해당 부분이 조직의 전체 수입 또는 지출의 40% 이상
- 혼합형 : 취약계층 대상 일자리와 사회 서비스 제공, 전체 근
  로자 중 취약세층의 고용비율과 사회 서비스를 받는 취약계
  층의 비율이 각각 20% 이상

- 기타(창의·혁신)형 : 사회적 목적 실현 여부를 위 항목의 요건
  에 따라 판단하기 곤란한 경우

TIP

사회적기업의 유형은 주된 제품과 서비스에 따라 정형화된 부분이 존재 : 어떤 유형이든 사회
적기업 인증을 신청할 수 있으나, 특히 기타형의 경우 정량적으로 표현할 수 없는 내용이 다수
포함되어야 하므로 문화예술 등 불특정 다수를 대상으로 서비스를 제공하는 조직이 용이하다.
- 일자리제공형 : 제조, 판매업 등
- 사회서비스제공형 : 가사, 간병, 의료, 교육 서비스 제공업 등
- 지역사회공헌형 : 컨설팅, 지원기관, 소셜벤더[1] 등
- 혼합형 : 교육 서비스 제공업 등
- 기타(창의·혁신)형 : 문화예술 등

◇ 이해관계자가 참여하는 의사결정 구조 : 당해 기업의 임원이나
  이사 외에도 서비스 수혜자, 근로자 등 다양한 이해관계자가
  참여하는 의사결정 구조를 갖추어야 한다.
  - 이사회^{운영위원회}에서 근로자 대표 1인이 반드시 포함되어야 하
    며 최소 이사 3인으로 대표이사, 사외이사, 근로자 대표로 구
    성한다.
  - 이사회 회의록을 통해 민주적 의사결정 구조 증빙이 필요하다.

◇ 영업활동을 통한 수입 : 인증 신청 월 직전 6개월 동안의 영업
  활동을 통한 수입이 같은 기간 지출된 노무비 대비 50% 이상
  이어야 한다.

---

1 사회적경제기업의 제품 발굴, 개선, 입점, 판촉 등 전사적 판로지원을 하는 기관이다.

노무비(A)	영업수입(B)	B/A
인증 신청 월 직전 6개월 총 노무비	인증 신청 월 직전 6개월 총 영업수입	50% 이상

- 노무비 : 정부의 인건비 지원 여부와 관계없이 임금으로 지급되는 인건비의 총액을 의미하며 대표자의 급여도 포함
  • 포함항목 : 급여, 제수당, 상여금, 일용임금, 퇴직금
  • 비포함항목 : 교육훈련비, 퇴직급여충당금, 사용자부담 사회보험료
- 영업수입 : 영업활동을 통한 수입을 의미하며 단순 지원금이나 보조금은 미해당
  ※ 보조금 사업을 주로 운영하는 기업이면 보조금 사업 승인내용을 포함해 일부 포함 가능

◇ 정관의 필수사항 : 「사회적기업 육성법」 제9조에 따른 다음의 사항을 적은 정관이나 규약 등을 갖추어야 한다.
  ※ 통합지원기관을 통한 사전 정관검증 추천

- 의사결정 방식 : 주주총회, 이사회, 운영위원회
- 수익 배분과 재투자 : 재정, 재산, 회계^{수익사업, 잉여금 처분, 수익의 처분·관리}, 이익 배당, 수익 배분
- 출자와 융자 : 주식, 사채, 출자, 융자, 차입금 규정 등
- 종사자의 구성과 임면 : 회원^{조합원}, 조직과 임원^{이사, 감사}, 사무처, 사무국, 근로자

◇ 이윤의 사회적 목적 사용 : 「상법」에 따른 회사·합자조합 등의 경우 회계연도별로 발생한 배분 가능한 이윤의 3분의 2 이상

을 사회적 목적을 위해 사용해야 한다.

- 정관 등에 명시해야 하고 발생한 이윤에 대해 사회적 목적을 위해 사용한 내용을 제시해야 한다.

  ※ 사용내용은 근로자 상여금 지급, 시설 투자, 취약계층 사회 서비스 등 다양하게 증빙 가능

- 기업의 해산, 청산 시에도 배분 가능한 잔여재산이 있는 경우 잔여재산의 3분의 2 이상을 다른 사회적기업 또는 공익적기금 등에 기부한다는 내용을 정관 등에 명시해야 한다.

- 본 요건은 「상법」에 따른 기업 이외에도 조합원의 이익 등 경제적 이익 획득이 우선시되는 영농조합, 농업회사, 협동조합, 사립박물관, 미술관, 전문예술법인 또는 단체 등에도 동일하게 적용된다.

도표 1-5 예비사회적기업과 사회적기업의 인증요건 비교

구분	예비사회적기업	사회적기업
조직형태	「민법」에 따른 법인·조합, 「상법」에 따른 회사·합자조합, 특별법에 따라 설립된 법인 또는 비영리민간단체 등 대통령령으로 정하는 조직형태를 갖출 것	
유급근로자 고용	반드시 유급근로자를 고용하지 않아도 되지만 일자리제공형은 평균 1명 이상 고용할 것	유급근로자를 1명 이상 고용해 재화와 서비스의 생산, 판매 등 영업활동을 수행해야 하며 일자리제공형은 평균 3명 이상 고용할 것
사회적 목적 실현	취약계층에게 사회 서비스 또는 일자리를 제공하거나 지역사회에 공헌함으로써 지역주민의 삶의 질을 높이는 등 사회적 목적의 실현을 조직의 주된 목적으로 할 것	
이해관계자가 참여하는 의사결정 구조	적용하지 않음	서비스 수혜자, 근로자 등 이해관계자가 참여하는 의사결정 구조를 갖출 것

영업활동을 통한 수입	공고일이 속하는 달에 재화나 서비스를 생산, 판매하는 등 영 업활동을 수행해야 하며 매출이 없더라도 사회적 목적의 실현이 명확하다면 평가 시 참고될 수 있음	영업활동을 통해 얻는 수입이 노무비의 50% 이상일 것
정관의 필수사항	「사회적기업 육성법」 제9조에 따른 사항을 적은 정관이나 규약 등 을 갖출 것	
이윤의 사회적 목적 사용	「상법」에 따른 회사·합자조합 등의 경우 회계연도별로 발생한 배분 가능한 이윤의 3분의 2 이상을 사회적 목적을 위해 사용할 것	

사회적기업과 취약계층

사회적기업에서 취약계층은 필수 불가결한 존재로, 사회적 목적 달성을 위해 취약계층을 고용하거나 취약계층에게 서비스를 제공해야 한다. 사회적기업의 기본 골격이 된 자활기업[2]과 마찬가지로 사회적기업을 인증하는 주체 역시 고용노동부이므로 취약계층에 대한 부분은 매우 중요하다.

1세대 사회적기업은 일자리제공형이 대부분으로, 다수의 취약계층을 고용하는 것이 대표적인 사례였으나 현재는 사회적기업이 추구하는 목적에 따라 다양한 취약계층과 동행할 수 있는 관점에서 바라보아야 한다.

취약계층의 세부유형과 판단기준

「사회적기업 육성법」 시행령 제2조에 따르면 취약계층은 자신에게 필요한 사회 서비스를 시장가격으로 구매하는 데 어려움이

---

2 2인 이상의 기초수급자나 차상위자가 상호 협력해 조합 또는 사업자의 형태로 탈빈곤을 위한 자활사업을 운영하는 기업이다.

있거나 노동시장의 통상적인 조건에서 취업이 특히 곤란한 계층을 가리킨다. 취약계층의 세부적인 유형과 그에 따른 상이한 판단 기준은 다음과 같다.

◇ 저소득층「사회적기업 육성법」제2조 제2호
- 가구 월평균 소득이 전국 가구 월평균 소득의 100분의 60 이하인 사람
  • 전국 가구 월평균 소득 : 통계청에서 공표하는 '가구당 월평균 가계수지'의 직전년도 3/4분기 월평균 소득

(단위 : 원)

구분	1인	2인	3인	4인	5인 이상
2020년 3/4분기 전국 가구 월평균 소득	2,645,146	4,379,809	5,626,897	6,226,342	6,938,354
60%	1,589,088	2,627,885	3,376,138	3,735,805	4,163,012

※ 건강보험료(노인장기요양보험료 포함) 납입고지액에 따른 월평균 소득 판단방법 : 월평균 소득액 = 건강보험료 납부액 × 1/2020년(직전년도) 직장가입자보험료율 (3.335%)

- 근로소득원천징수영수증, 수급자증명서, 복지대상자급여신청결과통보서, 소득금액증명(원), 건강보험료 납입고지서(납부영수증) 등으로 최근 6개월간의 월평균 소득 확인

※ 건강보험료 납입고지서(납부영수증)로 저소득자 여부 확인 시 지역가입자는 제외하며 주민등록등본, 건강보험자격득실확인서 등으로 실제 동거와 부양 여부 확인

◇ 고령자「고용상 연령차별금지 및 고령자고용촉진에 관한 법률」제2조 제1호
- 만 55세 이상인 사람
- 주민등록번호주민등록증과 운전면허증 사본 등로 확인

◇ 장애인「장애인고용촉진 및 직업재활법」제2조 제1호

  - 신체 또는 정신상의 장애로 장기간 직업생활에 상당한 제약
    을 받는 사람
  - 복지카드, 장애인증명서, 상이군경회원증, 장애진단서^{전문의 발급}
    등으로 확인

◇ 성매매피해자「성매매알선 등 행위의 처벌에 관한 법률」제2조 제1항 제4호

  - 위계, 위력, 그 밖에 이에 준하는 방법으로 성매매를 강요당
    한 사람/ 업무관계, 고용관계, 그 밖의 관계로 인하여 보호
    또는 감독하는 자에 의해「마약류관리에 관한 법률」제2조
    에 따른 마약·향정신성의약품 또는 대마에 중독되어 성매매
    를 한 사람/ 청소년, 사물을 변별하거나 의사를 결정할 능력
    이 없거나 미약한 사람 또는 대통령령이 정하는 중대한 장애
    가 있는 사람으로서 성매매하도록 알선, 유인된 사람/ 성매
    매 목적의 인신매매를 당한 사람
  - 성매매 피해여성 쉼터, 보호시설 이용자 또는 상담·심리 치
    료기관 등의 확인서로 확인

◇ 청년·경력단절여성 중 고용촉진장려금 지급대상자
  - 청년「청년고용촉진 특별법」제2조 제1호 : 만 15세 이상 29세 이하인 사람
  - 경력단절여성「경력단절여성등의 경제활동 촉진법」제2조 제1호 : 혼인, 임신, 출
    산, 육아와 가족 구성원의 돌봄 등을 이유로 경제활동을 중
    단했거나 경제활동을 한 적이 없는 여성 중 취업을 희망하는
    여성

- 고용촉진장려금 지급대상자 :「고용보험법」시행령 제26조 제1항과 고용창출장려금, 고용안정장려금의 신청·지급에 관한 규정고용노동부 고시 제2020-131호, 2020년 11월 20일에 따른 고용촉진장려금 지급 대상자
- 취업성공패키지고용센터, 직업교육훈련프로그램여성새로일하기센터, 고령자취업능력향상프로그램고령자인재은행, 학교밖청소년지원프로그램여성가족부 등 취업지원 프로그램 참여 확인서나 수료증(이수증) 등으로 확인

  ※ 고용촉진장려금 지급대상자가 불분명한 경우 관할 고용센터에 협조를 요청해 확인

◇ 북한이탈주민「북한이탈주민의 보호 및 정착지원에 관한 법률」제2조 제1호
  - 북한에 주소, 직계가족, 배우자, 직장 등을 두고 있는 사람으로서 북한을 벗어난 뒤 외국 국적을 취득하지 아니한 사람
  - 북한이탈주민등록확인서로 확인

◇ 가정폭력피해자「가정폭력방지 및 피해자보호 등에 관한 법률」제2조 제3호
  - 가정구성원 사이의 신체적, 정신적 또는 재산상 피해를 수반하는 행위로 인해 직접적으로 피해를 입은 사람
  - 가정폭력피해자 보호시설 입소확인서60여 개소, 상담확인증으로 확인

◇ 한부모가족 지원법에 따른 보호대상자「한부모가족 지원법」제5조 및 제5조의 2
  - 여성가족부 장관이 매년 보호대상자의 최저생계비, 소득수준, 재산 정도 등을 고려해 보호의 종류별로 정하는 기준에

해당하는 한부모가족

- 한부모가족증명서^{읍, 면, 동 발급}로 확인

◇ 결혼이민자 「재한외국인 처우 기본법」 제2조 제3호

- 대한민국 국민과 혼인한 적이 있거나 혼인관계에 있는 재한
  외국인
- 국적 취득자의 경우 가족관계등록부의 혼인관계증명서, 국적
  미취득자의 경우 외국인등록증상 F-2 또는 F-5, F-6로 확인

◇ 갱생보호대상자 「보호관찰 등에 관한 법률」 제3조 제3항

- 형사처분 또는 보호처분을 받은 사람으로서 자립갱생을 위
  한 숙식 제공, 주거 지원, 창업 지원, 직업훈련·취업 지원 등
  보호의 필요성이 인정되는 사람
- 한국법무보호복지공단, 갱생보호법인^{민간법인 7개소}이 지원했다
  는 확인서로 확인

◇ 기타

- 1년 이상 장기 실직자 : 지방고용노동관서, 지방자치단체 또
  는 국가나 지방자치단체가 고용 촉진을 위한 사업을 위탁한
  민간취업알선기관에 구직을 신청한 날부터 1년 이상 실업상
  태에 있는 사람/ 구직등록을 한 기록과 고용보험 피보험자격
  이력 조회로 확인

  ※ 고용노동부 워크넷이나 민간취업알선기관(직업소개소 포함)을 통해 구직등록을 한
    기록과 구직등록일로부터 1년간 고용보험 피보험자격 이력 조회 결과 취득기록이 없
    는 경우 해당

- 수형자 : 「형의 집행 및 수용자의 처우에 관한 법률」에 따른 수형자로서 출소 뒤 6개월이 지나지 아니한 사람/ 교정시설 교도소, 구치소에서 발급한 수용증명서로 확인
- 소년원생 : 「보호소년 등의 처우에 관한 법률」에 따른 소년원생으로서 퇴원 뒤 6개월이 지나지 아니한 사람/ 소년원에서 발급한 수용증명서로 확인
- 보호관찰청소년 : 「보호관찰 등에 관한 법률」에 따른 보호관찰 청소년/ 보호관찰 중인 기관에서 발급한 증명서로 확인
- 범죄구조피해자 : 「범죄피해자보호법」 시행규칙 별지 15호 서식, 가족관계증명서로 확인

제3조(정의) ① 이 법에서 사용하는 용어의 뜻은 다음과 같다.

1. "범죄피해자"란 타인의 범죄행위로 피해를 당한 사람과 그 배우자(사실상의 혼인관계를 포함한다), 직계친족 및 형제자매를 말한다.

2. "범죄피해자 보호·지원"이란 범죄피해자의 손실 복구, 정당한 권리 행사 및 복지 증진에 기여하는 행위를 말한다. 다만, 수사·변호 또는 재판에 부당한 영향을 미치는 행위는 포함되지 아니한다.

3. "범죄피해자 지원법인"이란 범죄피해자 보호·지원을 주된 목적으로 설립된 비영리법인을 말한다.

4. "구조대상 범죄피해"란 대한민국의 영역 안에서 또는 대한민국의 영역 밖에 있는 대한민국의 선박이나 항공기 안에서 행하여진 사람의 생명 또는 신체를 해치는 죄에 해당하는 행위(「형법」, 제9조, 제10조 제1항, 제12조, 제22조 제1항에 따라 처벌되지 아니하는 행위를 포함하며, 같은 법 제20조 또는 제21조 제1항에 따라 처벌되지 아니하는 행위 및 과실에 의한 행위는 제외한다)로 인하여 사망하거나 장해 또는 중상해를 입은 것을 말한다.

5. "장해"란 범죄행위로 입은 부상이나 질병이 치료(그 증상이 고정된 때를 포함한다)된 후에 남은 신체의 장해로서 대통령령으로 정하는 경우를 말한다.

6. "중상해"란 범죄행위로 인하여 신체나 그 생리적 기능에 손상을 입은 것으로서 대통령령으로 정하는 경우를 말한다.

② 제1항 제1호에 해당하는 사람 외에 범죄피해 방지 및 범죄피해자 구조활동으로 피해를 당한 사람도 범죄피해자로 본다.

제16조(구조금의 지급요건) 국가는 구조대상 범죄피해를 받은 사람(이하 "구조피해자"라 한다)이 다음 각 호의 어느 하나에 해당하면 구조피해자 또는 그 유족에게 범죄피해 구조금(이하 "구조금"이라 한다)을 지급한다.

- 노숙인 : 관련시설^{노숙인 쉼터, 상담보호센터 등}에서 받은 추천서로 확인

- 약물, 알코올, 도박 중독자 : 관계기관 사실확인서로 확인

- 선천성 또는 희귀 난치병 치료자 : 관계기관 사실확인서로 확인
  ※ 질병관리본부, 국민건강보험공단의 희귀 난치성 질환목록 확인

- 여성 실업자 중 가족부양 책임이 있는 사람^{여성 가장}

  • 근로능력이 없는 배우자를 부양하고 있는 사람

  • 본인과 배우자였던 사람의 직계존비속^{만 60세 이상 또는 18세 미만}을 부양하고 있는 사람

  • 본인과 배우자였던 사람의 직계존비속이나 형제, 자매 중 근로능력이 없는 사람을 부양하고 있는 사람

  • 가족관계등록부, 주민등록등본, 통반장의 확인서^{사실혼 관계 확인용}와 배우자, 직계존비속이 근로능력이 없음을 입증하는 서류^{실종신고서, 장애인등록증, 장해급여지급통지서, 의사의 진단서, 군복무확인서, 재학증명서, 교도소수용증명서, 형확정 판결문, 이혼소송확인서, 통반장의 확인서 등}등으로 확인

- 난민 : 「난민법」에 따른 난민 인정을 받은 사람

- 학교 밖 청소년 : 「학교 밖 청소년 지원에 관한 법률」에 따른 자퇴, 미진학, 재적 등 처분을 받은 청소년/ 가족관계증명서, 해당 기관 확인서, 주민센터 확인서류로 확인

- 보호 종료 아동 : 만 18세 이후 보호 종료^{만기보호 종료 또는 연장보호 종료}된 아동 중 5년이 지나지 않은 아동/ 보호종료확인서^{아동양육시설, 공동생활가정, 가정위탁지원센터 등에서 발급}로 확인

취약계층에 해당했으나 근로 중 변경된 경우 취약계층의 인정 여부 : 저소득자, 장기실업자 등 취약계층에 해당했으나 동일한 사업장에 근무하면서 신분이 변동된 경우 취약계층 자격을 잃더라도 해당 사회적기업에서 퇴직 시까지 취약계층으로 인정한다.

- 채용 당시 취약계층이 아니었으나 취약계층으로 신분이 변동된 경우 신분변동일을 기준해 취약계층으로 인정한다.

- 인증 또는 취업 당시에는 저소득자가 아니었으나 해당 사회적기업에 취업하거나 사회적기업으로 인증받은 이후 저소득자가 된 경우는 취약계층으로 인정하지 않는다.

- 예시 : 일반 근로자로 2021년 5월 1일 고용된 자가 2021년 7월 15일 고령자(만 55세)가 된 경우 2021년 7월 15일부터 취약계층으로 인정한다.

04

사회적기업과 사회 서비스

사회적기업의 다양한 사회적 가치활동 중 취약계층을 위한 고용활동 이외에도 취약계층에게 다양한 사회 서비스를 제공하는 활동도 중요한 요소다.

사회 서비스는 사회적기업에게 중요한 의미가 있는데, 많은 사람이 의문점을 가지는 것 중 하나가 바로 기부활동이다. 기부활동은 일반 영리기업에서도 수행 중이기 때문에 '기부활동만으로 사회적기업이 될 수 있는가?' 하는 의문점이다. 그러나 이 질문에 정답은 없다. 필요에 따라 기부활동 자체를 사회 서비스의 한 종류로 볼 수도 있지만, 모범적인 사회적기업 모델로 성장하기 위해서는 비즈니스와 사회 서비스가 연계되거나 비즈니스 모델 자체가 사회적 가치를 창출하는 사회 서비스를 제공하는 것이 기업의 발전을 위해 더욱 좋다고 본다.

일반적으로 사회 서비스는 교육·보건·사회복지·환경·문화 분야의 서비스, 그 밖에 이에 준하는 서비스를 말한다.

사회 서비스의 기준

사회 서비스는 개인 또는 사회 전체의 복지 증진과 삶의 질 제고를 위해 사회적으로 제공되는 것이다.

- 교육·보건·사회복지·환경·문화 분야의 서비스, 그 밖의 보육 서비스, 예술·관광·운동 서비스, 산림 보전·관리 서비스, 간병·가사 지원 서비스, 문화재 보존·활용 관련 서비스, 청소 등 사업시설 관리 서비스, 인력 공급·고용 알선 등 고용 서비스 등 이에 준하는 서비스 「사회적기업 육성법」 제2조 제3호 및 같은 법 시행령 제3조
- 한국표준산업분류의 P, Q, E, R, A, S, T, N 중 해당 업종[11개]
  →'도표 1-6' 참조
- 그 외 개인 또는 사회 전체의 복지 증진, 삶의 질 제고를 위해 사회적으로 제공되는 서비스에 해당할 경우 위원회 심의를 통해 인정

Q 사회 서비스의 업종을 확인하는 방법이 있나요?

A 사회 서비스의 업종을 확인하는 방법은 관할 세무서에서 사업자 등록 시 신고한 업종코드 또는 부가가치세신고서, 법인세과세표준, 세액신고서상의 주 업종코드를 확인해 '도표 1-6'에 제시된 한국표준산업분류표상 업종코드와의 일치 여부를 보고 확인하면 됩니다.

※ 국세청 홈페이지(www.nts.go.kr) '고시' 항목 내 '2020년(귀속년도) 귀속 경비율 고시'를 통해서도 확인 가능

사회적기업의 한국표준산업분류표상 업종코드

분야	개요와 예시	한국표준산업분류표상 업종코드와 한글명	
교육	정규 교육기관, 성인교육, 기타 교육기관 및 교육지원 서비스업 <예시> 교육기관 (유아·초등·중등·고등), 특수학교, 직업훈련	P P85 P851 P8511 P8512 P852 P8521 P8522 P8530 P854 P8541 P8542 P8543 P8550 P856 P8561 P8562 P8563 P8564 P8565 P8566 P8569 P8570	교육 서비스업(85) 교육 서비스업 초등 교육기관 유아 교육기관 초등학교 중등 교육기관 일반 중등 교육기관 특성화 고등학교 고등 교육기관 특수학교·외국인학교 및 대안학교 특수학교 외국인학교 대안학교 일반 교습학원 기타 교육기관 스포츠 및 레크레이션 교육기관 예술학원 외국어학원 및 기타 교습학원 사회 교육시설 직원 훈련기관 기술 및 직업 훈련학원 그 외 기타 교육기관 교육지원 서비스업
	영유아 대상 양호(보호), 교육 서비스 <예시> 집단 보육시설 등	Q8721	보육시설 운영업
보건	건강 유지를 위한 각종 보건 서비스를 제공하는 병의원 및 기타 의료기관 <예시> 의료(병원, 의원 등)	Q Q86 Q8610 Q8620 Q8630 Q8690	보건업 및 사회복지 서비스업(86~87) 보건업 병원 의원 공중보건 의료업 기타 보건업

사회 복지	자립능력에 제약을 받는 특정 범주 내의 사람을 보호하기 위한 각종 사회복지 서비스를 제공하는 거주 복지시설 또는 비거주 복지시설 <예시> 복지시설 (양로, 요양, 보육 등)	Q87 Q871 Q8711 Q8712 Q8713 Q872 Q8721 Q8729	사회복지 서비스업 거주 복지시설 운영업 노인거주 복지시설 운영업 심신 장애인 거주 복지시설 운영업 기타 거주 복지시설 운영업 비거주 복지시설 운영업 보육시설 운영업 기타 비거주 복지 서비스업
환경	고형 혹은 비고형의 각종 형태의 산업 또는 생활 폐기물의 수집 운반 및 처리 활동, 환경 정화 및 복원활동과 원료 재생활동 <예시> 폐기물 처리업, 하수·폐수 처리업 등	E E370 E3701 E3702 E381 E3811 E3812 E3813 E382 E3821 E3822 E3823 E3824 E383 E3831 E3832 E3900	하수·폐기물 처리, 원료 재생 및 환경 복 원업(37~39) 하수·폐수 및 분뇨 처리업 하수 및 폐수 처리업 분뇨 처리업 폐기물 수집·운반업 지정 외 폐기물 수집·운반업 지정 폐기물 수집·운반업 건설 폐기물 수집·운반업 폐기물 처리업 지정 외 폐기물 처리업 지정 폐기물 처리업 건설 폐기물 처리업 방사성 폐기물 수집, 운반 및 처리업 해체·선별 및 원료 재생업 금속류 해체·선별 및 원료 재생업 비금속류 해체·선별 및 원료 재생업 환경 정화 및 복원업
문화 예술· 관광 및 운동 서비스	문화·예술 활동과 레저·관광 및 운동 등과 같이 삶의 질 증진에 관련한 서비스 <예시> 여행보조 서비스, 창작 및 예술 관련 서비스업, 공연단체 등	N752 N7521 N7529 R R90 R901 R9011 R9012	여행사 및 기타 여행보조 서비스업 여행사업 기타 여행보조 및 예약 서비스업 예술·스포츠 및 여가 관련 서비스업 (90~91) 창작·예술 및 여가 관련 서비스 창작 및 예술 관련 서비스업 공연시설 운영업 공연단체

문화 예술· 관광 및 운동 서비스	문화·예술 활동과 레저·관광 및 운동 등과 같이 삶의 질 증진에 관련한 서비스 <예시> 여행보조 서비스, 창작 및 예술 관련 서비스업, 공연단체 등	R9013 R9019 R902 R9021 R9022 R9023 R9029 R91 R911 R9111 R9112 R9113 R9119 R912 R9121 R9122 R9123 R9129	자영 예술가 기타 창작 및 예술 관련 서비스업 도서관·사적지 및 유사 여가 관련 서비 스업 도서관·기록 보존소 및 독서실 운영업 박물관 및 사적지 관리 운영업 식물원·동물원 및 자연공원 운영업 기타 유사 여가 관련 서비스업 스포츠 및 오락 관련 서비스업 스포츠 서비스업 경기장 운영업 골프장 및 스키장 운영업 기타 스포츠 시설 운영업 기타 스포츠 서비스업 유원지 및 기타 오락 관련 서비스업 유원지 및 테마파크 운영업 오락장 운영업 수상오락 서비스업 그 외 기타 오락 관련 서비스업
산림 보전 및 관리	영림·산림용 종자 및 묘목 생산, 벌목활동과 야생임산물 채취 및 임업 관련 서비스 활동 <예시> 임업 관련 서비스 ※ 단, 산림을 보전하는 내용의 서비스 사업만을 사회 서비스 영역으로 인정	A02 A020 A0201 A0202 A0203 A0204	임업 임업 영림업 벌목업 임산물 채취업 임업 관련 서비스업
간병 및 개인 서비스	개인 대상의 서비스를 제공하는 산업활동 <예시> 개인 간병인, 이·미용, 욕탕, 마사지 등	S96 S9610 S9611 S9612 S969 S9691 S9692	기타 개인 서비스업 미용·욕탕 및 유사 서비스업 이용 및 미용업 욕탕·마사지 및 기타 신체 관련 서비스업 그 외 기타 개인 서비스업 세탁업 장례식장 및 관련 서비스업

가사 지원	각종 가사 담당자를 고용한 가구의 활동과 달리 분류되지 않은 자가소비를 위한 가구의 재화 및 서비스 생산활동 <예시> 가사·산모·육아 도우미 등	T T97 T9700 T98 T9810	가구 내 고용활동 및 달리 분류되지 않은 자가소비 생산활동(97~98) 가구 내 고용활동 가구 내 고용활동 달리 분류되지 않은 자가소비를 위한 가구의 재화 및 서비스 생산활동 자가 소비를 위한 가사 생산활동
청소 등 사업 시설 관리 서비스	사업시설의 청소, 방제 등을 포함한 사업시설 유지 관리 활동 <예시> 사업시설 관리 및 조경 서비스 (건물·산업 설비 청소, 방제 서비스)	N N74 N7410 N742 N7421 N7422 N7430	사업시설 관리 및 사업지원 및 임대 서비스업 (74~75) 사업시설 관리 및 조경 서비스업 사업시설 유지 관리 서비스업 건물·산업 설비 청소 및 방제 서비스업 건물 및 산업 설비 청소업 소독·구충 및 방제 서비스업 조경 관리 및 유지 서비스업
고용 서비스 등 사업 지원 서비스	고용지원 서비스, 보안 서비스, 사무보조 서비스 등과 같은 사업 운영과 관련한 밀접한 지원 서비스를 제공하는 산업활동 <예시> 사업지원 서비스 (인력 공급 및 고용 알선)	N75 N751 N7511 N7512 N753 N7531 N7532 N759 N7591 N7599	사업지원 서비스업 고용 알선 및 인력 공급 고용 알선업 인력 공급업 경비·경호 및 탐정업(탐정업은 적용 제외) 경비 및 경호 서비스업 보안 시스템 서비스업 기타 사업지원 서비스업 사무지원 서비스업 그 외 기타 사업지원 서비스업
기타	육성위원회 검토를 통해 사회 서비스 제공 대상으로 인정받는 활동		

출처 : 한국사회적기업진흥원

2장

사회적기업의
비즈니스 모델

사회적기업의 창업

사회적기업은 사회적 가치와 경제적 가치를 모두 추구해야 한다. 사회적기업을 창업하기 위해서는 사회문제를 발견하고 분석해 소셜미션[57쪽 참조]을 수립하고 솔루션을 제시해야 한다.

일반적인 스타트업의 경우 최우선적인 이익에 기반해 MVP[3]를 반복적으로 활용함으로써 고객 개발과 제품 개발을 동시에 진행한다. 즉, 아이디어 관리, 콘셉트 개발, 테스트, 사업성 분석, 마케팅 전략 수립, 제품 개발 그리고 시장 출시 과정을 거쳐 창업하게 된다. 사회적기업도 일반적인 스타트업과 비슷하게 시작되지만 가장 중요한 사회적 가치를 도출하기 위해서는 조금 다른 관점에서 시작하는 것이 중요하다.

Q 사회적기업을 창업하려면 어떻게 해야 하나요?

A 가장 많이 받는 질문이기도 하지만 가상 중요한 질문이라고도 생각합

---

3 Minimum Viable Product, 실제 시장에 선보일 수 있는 제품이자 시간과 돈이 가장 적게 들도록 최소한의 특징만 담은 제품이다.

니다. 사회적기업의 창업은 제도적으로 보면 사회적기업으로 인증받는 것을 의미하지만, 내재적으로는 사회적 가치를 충실히 실현할 수 있는 고유의 비즈니스 모델을 구축해야 함을 의미합니다. 사회적기업은 벤처기업 인증과 마찬가지로 국가에서 일정한 조건에 해당하는 기업을 대상으로 심사를 통해 최종적으로 선정하는 구조이므로, 본 책의 1장에서 살펴본 인증요건(25쪽 참조) 갖추고 사회적 가치 실현이 가능한 비즈니스 모델을 구축하고 있다면 가능합니다.

사회적기업의 시작

사회적기업은 일반 스타트업과 달리 사회적 관점에서 시작해야 한다. '도표 2-1'에서 보듯이 먼저 사회문제를 발견하고 분석해 최종적인 소셜미션을 정리하는 WHY 단계, 이에 기반해 사회문제를 해결하려는 솔루션과 비즈니스 모델을 구축하는 WHAT 단계, 마지막으로 지속 가능성을 높이기 위한 사업계획을 세우는 HOW 단계로 구성된다.

도표 2-1 사회적기업의 창업과정

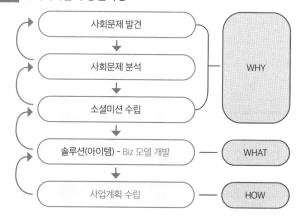

◇ WHY

- 사회문제의 발견 : 사회문제는 제도의 결함이나 모순으로 발
생하는 사회의 모든 문제라고 할 수 있다. 대표적인 사회문제
로는 저출산, 고령화, 자살률 증가, 청년실업, 환경오염, 세대
별 푸어족 등을 들 수 있다. 이처럼 다양한 사회문제의 구조
적, 근본적 문제를 파악하는 것이 가장 중요하며 어떤 사회문
제를 선택하든 문제의 본질에 대한 깊은 고민과 성찰이 필요
하다.

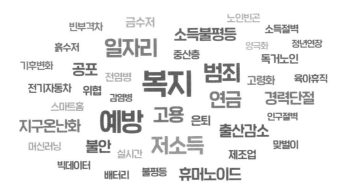

• 저출산과 고령화 : 2020년 12월 22일 저출산고령화사회
위원회에 따르면 한 해 태어난 신생아 수는 2015년 40
만 명대에서 2019년 30만 명대로 감소했으며 2020년 신
생아 수는 27만 명대로, 합계출산율은 0.8명으로 예상했
다. 합계출산율은 여성 한 사람이 평생 낳을 것으로 추정되
는 평균 출생아 수를 의미하는데, 우리나라의 합계출산율
은 2018년 처음으로 1명 미만인 0.98명으로 하락했으며
2019년 0.92명을 기록하며 여전히 하락세를 보였다. 통계

청 등에 따르면 이는 초저출산 상황으로, 2017~2067년 생산가능인구만 15-64세 비율은 73.2%에서 45.4%로 30%P 가까이 줄어들 것으로 전망했다. 반면 노년층의 비율은 급격히 증가하는 추세로, 같은 기간 만 65세 이상 고령자 비율은 13.8%에서 46.5%로 30%P 정도 증가할 것으로 추정했다. 통상 7~14%를 고령화 사회로 보는데, 위 같은 상황이라면 생산가능인구 100명당 부양인구는 2017년 37명에서 2067년 120명으로, 약 4배가 늘어나고 노후보장연금도 고갈될 예정이다.

• 자살률 증가 : 경찰청 통계연보의 원인별 자살자 현황에 따르면 경제생활 문제로 인한 자살자 수는 2019년 3,564명으로, 2017년 3,111명인 것에 비해 무려 14.6%가 증가했다. 자살자 현황을 원인별로 분석한 결과 직장 또는 업무상 문제로 인한 자살은 2018년 487명에서 2019년 598명으로 111명, 무려 22.8%가 증가했으며 급등한 주요 원인은 경제난과 생활고 등으로 분석했다.

• 청년실업 : 통계청이 2020년 11월 11일 발표한 「10월 고용동향」에 따르면 청년층 25~39세 취업자는 771만 3,000명으로, 2019년 동월과 비교해 33만 2,000명이 감소했다. 한국경제연구원이 발표한 「2009~2019년 OECD 37개국 25~34세 고등교육 이수율 및 고용지표 비교」 자료에 따르면 OECD 국가의 평균 청년 대학졸업자 실업률이 2009년 6.1%에서 2019년 5.3%로 0.8%P 개선된 반면, 우리나라는 5.0%에서 5.7%로 0.7%P 악화되었다. 이에 따라 우리

나라의 청년 대학졸업자 실업률 순위는 2009년 OECD 37
개국 중 14위에서 2019년 28위로, 14계단 하락하며 하위
권을 차지했다.

- 환경오염 : 다양한 환경오염 중 플라스틱 오염문제는 현재
  가장 큰 문제들 중 하나다. 미국의 한 연구팀에 따르면 플
  라스틱이 대중적으로 사용되기 시작한 1950년부터 2015
  년까지 생산된 총량이 무려 83억 톤에 이르며 이는 미국
  엠파이어 스테이트 빌딩 2만 5,000개를 합한 무게에 해당
  한다고 한다. 플라스틱은 자연적으로 분해되지 않으며 매
  년 늘어나는 사용량으로 인해 방대한 양의 플라스틱 제품
  이 지속적으로 생산되는 상황이다.

- 세대별 푸어족 : 2020년 기준 직장인 10명 중 8명 이상은
  내 집 장만과 전세 보증금 마련을 위한 대출상환 때문에 여
  유 없이 사는 '하우스·렌트 푸어족'인 것으로 집계되었다.
  실제로 매월 소득의 5분의 1 이상을 주거비로 지출하는 것
  으로 나타났다. 2016년 조사[79.2%] 당시에 비해 3.2%P 증가
  한 수준이고 직장인의 매월 소득 중 주택대출 상환과 월세
  등의 주거비 지출비율을 조사한 결과 전체 평균 월 소득의
  22%를 지출하는 것으로 집계되었다. 특히 월세 거주자는
  월 소득 중 주거비가 평균 27.6%로 가장 높았고 전세 거주
  자는 월 소득 중 평균 14.0%, 자가 거주자는 평균 24.3%를
  주거비로 지출하는 것으로 집계되었다.

- 사회문제의 분석 : 만약 청년실업에 대한 사회문제를 고민

중이라면 청년실업 중에서도 청년이 실업자가 되는 과정을 생각해보아야 한다. 청년이 취업할 곳이 없는 것인지, 취업할 역량이 부족한 것인지, 취업을 하지 않으려 하는 것인지 등 다양한 원인이 있을 수 있으므로 청년실업 전체가 아닌 일부 요소를 분석해볼 필요가 있다. 예를 들어 사회적기업 '셰어하우스우주'의 경우 대학생 주거문제에 대해 다음같이 사회문제를 정의했다.

- 사회문제의 발견 : 과거 경험, 주변 사람, 환경으로부터 사회문제 발견 → 열악한 주거환경에서 생활하는 후배를 보며 주거문제의 심각성을 느낌
- 사회문제의 분석 : 문제가 사회에 미치는 영향을 정량적, 정성적으로 분석하고 자료_{향후 파급력, 다양한 관점} 등를 수집 → 대학생의 연평균 주거비는 483만 원으로 생활비의 45%를 차지
- 사회문제의 근본원인 파악 : 문제의 본질과 근본원인을 파악하기 위해 현장 방문, 전문가 인터뷰 등을 통해 조사하고, 특히 문제를 겪고 있는 당사자의 의견을 필수적으로 확인 → 대학생 주거문제는 값비싼 주거비와 열악한 주거환경을 동시에 고려해야 함
- 사회문제 정의 : 최종적으로 주목할 사회문제를 구체적이고 명확하게 정의 → 대학생의 주거비 문제 해결과 삶의 질 향상을 위해 대안적 주거형태 필요

- 소셜미션 수립 : 소셜미션은 기업의 방향성을 형성하는 것이

자 기업의 제품 또는 서비스와 사회적 가치를 한 줄로 표현한 것이다. 사회적기업이라면 언제 어디서든 요청받는 사항이다. 초기기업에서는 임원이 정한 소셜미션을 시행하지만 이후에는 임직원이 함께 소셜미션을 고도화할 필요가 있다.

◇ WHAT

- 솔루션과 비즈니스 모델의 구축 : 사회문제를 선택하고 세부적인 분석 이후 소셜미션을 수립했다면 솔루션은 자연스럽게 도출할 수 있다. 하지만 단순한 솔루션을 넘어 경제적 가치를 창출하기 위해서는 비즈니스 모델을 구체화해야 한다. 본 책에서 소개하는 다양한 비즈니스 모델 유형^{71쪽 참조}을 기반으로 본인만의 비즈니스 모델을 구축하길 바란다.

◇ HOW

- 사업계획의 수립 : 마지막으로 실제 사업을 운영할 수 있는 1년 단위의 사업계획과 중장기 사업계획이 필요하다. 사업을 운영함에 있어 사업계획은 사업을 조금 더 체계적으로 만들 수 있는 초석이 될 수 있으므로 소홀히 하지 않아야 한다.

02

사회적기업의 소셜미션

소셜미션은 아무리 강조해도 부족함이 없을 정도로 중요하다. 소셜미션은 사회적기업 창업과정의 WHY[51쪽 참조]를 설명하는 것으로, 특정 비전에 대한 의식차원을 넘어 '사회문제를 이해하고 통찰하는 능력과 문제 해결에 대한 구체적인 아이디어에 기반한 의지'라고 정의할 수 있다.

브랜드는 보이는 디자인 이외에도 브랜드 정체성을 통해 이념, 목적, 활동, 표현 등을 의식적으로 통일해 해당 브랜드만의 개성을 만들고 신뢰를 주어야 한다. 소셜미션은 브랜드를 구축하는 기초자료로 활용될 수 있을 뿐만 아니라 스토리텔링까지도 가미할 수 있다.

소셜미션을 정하는 방법

소셜미션을 구축하는 방법은 여러 가지가 있는데, 우선 가치체계를 다음의 단계별로 수립한다면 조금 더 체계적으로 구축할 수 있다.

1. 미션(Mission) : 우리는 무엇을 하려고 하는 곳인가?

2. 사업 솔루션(Solution) : 우리는 (미션)을 달성하기 위해 무엇을 (어떤 방식으로) 할 것인가?

3. 비전(Vision) : 우리가 (미션)을 이루어가는 과정에서 일정 기간 이후의 (미래상)은 무엇인가?

4. 목표(Goal) : 우리는 (비전)을 달성하기 위해 구체적으로 무엇을 언제까지 얼마만큼 달성해야 하는가?

5. 사업과제(Task) : 우리는 (목표)를 달성하기 위해 어떤 것을 중점적으로 해야 하는가?

6. 전략(Strategy) : 우리는 (사업과제)를 해결하기 위해 어떤 방법과 방식을 이용해야 하는가?

7. 핵심가치(Core Value) : 우리가 (미션)을 실행할 때 가장 중요시하는 것이 무엇인가?

Q 더 쉽게 소셜미션을 정할 수 있는 방법이 있을까요?

A 사회적 가치를 창출하는 사회적기업의 소셜미션은 결코 변하지 않아야 한다는 전문가도 있지만, 사업을 운영하고 기업이 규모화되는 정도에 따라 소셜미션도 진화될 수 있습니다. 그러기 위해서는 다음의 명제를 구체화하는 것이 필요합니다.

우리 (제품/서비스)는 (기존 문제)를 (해결방안/솔루션)으로서 (우리의 혜택과 가치)로 (어떤 고객)에게 제공한다.

아주 간단한 명제이지만 WHY, WHAT, HOW를 모두 표현할 수 있으며 명제를 축약하면 간단하게 소셜미션을 정의할 수 있습니다.

소셜미션 정의 사례 ① : 빅이슈(THE BIG ISSUE)

- 사회문제 : 노숙인의 경제적 자립문제
- 비즈니스 모델 : 노숙인 스스로 잡지 판매
- 주요 타깃 : 패션과 기부에 관심이 많은 20대 여성
- 장소 : 노숙인이 거리에서 직접 판매
- 슬로건 : Helping people help themselves.
- 소셜미션 정의 : 노숙인의 경제적 자립문제 해결을 위해 노숙인 스스로 판매하는 잡지사업을 통해 노숙인을 직접 대면하고 기부함으로써 패션과 기부에 관심이 많은 20대 여성에게 서비스를 제공

소셜미션 정의 사례 ② : 탐스슈즈(TOMS Shoes)

- 사회문제 : 저개발 국가의 빈곤문제 중 신발문제
- 비즈니스 모델 : 신발 판매
- 주요 타깃 : 패션과 기부에 관심이 많은 10~20대 청년
- 장소 : 온·오프라인
- 슬로건 : Shoes for Tomorrow.
- 소셜미션 정의 : 저개발 국가 아이들의 신발이 없는 문제를 'One for One' 프로젝트(소비자가 한 켤레의 신발을 구매하면 다른 한 켤레의 신발을 저개발 국가 아이에게 기부)를 통해 해결함으로써 저개발 국가의 미래 동력산업인 신발사업의 발전을 돕고 패션과 기부에 관심이 많은 10~20대 청년에게 신발을 제공

기타 국내 사회적기업의 소셜미션 정의 사례

- 다솜이재단 : 양질의 사회 서비스와 품위 있는 일자리 기회를 제공해 사회적 약자의 삶의 질 향상에 기여한다.
- 닥터노아 : 대나무 칫솔의 생산과 판매를 통해 대나무 농부와 지역 빈곤 여성의 자립을 돕고 플라스틱 칫솔을 대체해 우리의 환경을 지속 가능하게 만든다.
- 사회적협동조합 자바르떼 : 문화소외계층의 창조적인 자기문화활동과 문화공동체를 실현하는 공공적인 문화예술활동을 통해 문화예술인의 안정적인 활동기반을 구축한다.

- 주식회사 모어댄 : 자동차 생산과정과 폐자동차에서 수거되는 천연가죽, 에어백, 안전벨트를 재사용해 가방과 액세서리 제품을 제작한다. 환경과 디자인을 동시에 생각하며 자원의 선순환을 돕는 브랜드를 추구한다.

03

사회적기업의 성과평가

　전 세계적으로 사회적기업의 성과평가에 대한 필요성이 대두되고 있으나 아직 일반화되고 세계적으로 통용되는 지표는 없다. 사회적기업은 이윤을 추구하는 경제적 성과 중심의 영리기업과 달리 사회적 성과와 경제적 성과를 동시에 추구하는 기업이기 때문이다.

　현재 국내외에서 대표적으로 사용되는 사회적기업의 성과측정 방법을 정리하면 '도표 2-2'와 같다. 다양한 방법으로 사회적기업의 성과를 측정하며 주로 사회적 영향력을 평가하는 방법이다. 세부내용을 살펴보면 크게 화폐화와 비화폐화로 구분할 수 있으며 측정대상도 모두 다르다.

사회적기업의 대표적인 국내외 성과측정방법

측정방법	세부내용
SROI (Social Return On Investment)	- 미국의 REDF에서 개발한 것으로, 기업 경제활동의 사회적 성과를 화폐가치로 환산해 측정하는 도구 - 사회적 가치를 비용-편익 접근법[4]을 통해 화폐액으로 측정하고 사회적 투자 수익률을 산출하는 가치 측정법
BSC (Balanced Scorecard)	- 1990년대에 들어 미국의 카플란(Kaplan)과 노턴(Norton)에 의해 새롭게 정립된 것으로, 단기적 성격의 재무적 목표가치와 장기적 목표가치간의 조화를 추구하는 도구 - 재무적인 측면과 더불어 고객, 내부 프로세스, 학습과 성장 등 기업의 성과를 종합적으로 평가하는 균형 잡힌 성과 측정법
IRIS (The Impact Reporting and Investment Standards)	- 미국의 진(GIIN)에서 개발한 것으로, 미션 지향적인 조직에 대한 사회, 환경, 재무적 성과와 SDGs(82쪽 참조)에 맞추어 보고하는 범세계적인 리포팅 형식의 도구 - 사회적 가치를 측정하는 대상, 목적, 상황에 따라 적용할 수 있는 편람성격의 지표를 제공하는 방법
BIA (B Impact Assessment)	- 미국의 비영리기관인 B-LAB에서 개발한 지표로, B-Corp[5] 인증을 위한 도구 - 기업 구성원, 지역사회, 환경, 지배구조, 고객 등 광범위한 평가항목으로 가치를 측정하는 방법
ISO 26000	- 국제표준화기구(ISO)에서 제정한 조직의 사회적 책임 관련 국제표준 - 지속 가능한 측면에서 조직의 경제, 환경, 사회적 성과를 측정하는 방법
GIIRS (Global Impact Investing Rating System)	- 미국의 비영리기관인 B-LAB에서 개발한 지표로, 비재무적인 성과보다 다양한 이해관계자의 관점에서 다층적으로 분석하는 도구 - 점수 또는 등급제로 사회적 성과의 창출수준을 평가할 수 있는 사회적 가치 측정법

4 투자안, 정책, 기업 등의 의사결정을 할 때 비용과 편익을 따져 여러 대안 중 최적의 대안을 선정하는 기법이다.

5 임팩트 평가 시스템을 통과한 기업을 말한다.

GRI Standard (Global Reporting Initiative Standard)	- 유엔환경계획(UNEP) 산하기관인 GRI에서 조직의 지속 가능성 보고서 작성지침을 제공해 조직의 경제, 환경, 사회적 성과를 측정하는 보고서로, 세부지표를 명시
PPI (The Poverty Probability Index)	- 미국의 아큐먼펀드(Acumen Fund)에서 개발한 것으로, 린데이터 프로젝트[6]를 통해 기업의 고객을 상대로 비교 적 빠르게 양질의 임팩트 지표와 인사이트를 수집하고 반영하는 도구
BACO (Best Available Charitable Option)	- 미국의 아큐먼펀드(Acumen Fund)에서 개발한 것으로, 사회적 가치를 창출하는 비즈니스 모델을 수행하는 비 영리단체와 기업 대상 투자를 위한 도구 - 투자된 포트폴리오에 대한 투자기회의 유망한 혜택 대 신 자선적인 보조금 효과성을 측정해 사회적 비용과 편 익을 측정, 비율로 산출하는 방법
Center for High Impact Philanthropy Cost per Impact	- 미국의 펜실베니아 대학에서 개발한 것으로, 자선적 기 부효과의 최대화를 측정해 자선가에게 기부효과 정보 와 도구를 제공함으로써 자선의 효과적인 분야를 정의 할 수 있는 도구 - 성공을 위해 객관적이고 구체적으로 측정되는 사회적 효과와 이를 실감하게 하는 다른 자원에 의해 만들어지 는 투자로 산출되는 비용을 측정하는 방법
SVI (Social Value Index)	- 고용노동부와 한국사회적기업진흥원이 개발한 사회적 기업 성과지표로, 2017년 7월 IRIS에 기반해 한국형으 로 변형한 도구 - 사회적 성과와 경제적 성과를 계량적, 비계량적으로 측 정하는 방법
SPC (Social Progress Credit)	- SK에서 개발한 지표로, SROI에 기반해 사회적 성과를 화폐화하고 인센티브를 지급하기 위한 측정도구 - 사회적 성과, 고용성과, 환경성과, 사회생태계 성과를 화 폐 개념으로 측정하는 방법
IAR (Impact Accelerating Report)	- 국내 소풍벤처스(SOPOONG)에서 개발한 지표로, IRIS를 벤치마킹해 유엔의 SDGs 분야별 임팩트를 측정하는 도구 - 성장 단계별, 사회문제 해결방법을 구분해 사회적 성과 와 재무성과, SDGs 성과 등을 측정하는 방법

---

6 사회적 가치에 대해 질문하고 답하는 형식으로, 측정단계에서는 임팩트 질문(소셜미션)
   을 정의하고 적용단계에서는 수집된 자료를 학습해 임팩트 질문에 답(솔루션)하는 형식
   이다.

사회적가치지표(SVI)의 이해

전 세계적으로 사회적기업의 수가 증가함에 따라 기업의 사회적 성과 측정이 중요해지고 있다. 이런 세계적 트렌드에 발맞추어 고용노동부와 한국사회적기업진흥원에서는 '사회적가치지표Social Value Index; SVI'라는 사회적기업의 성과측정방법을 개발했다. 최근에는 이것을 지원사업과 다양한 공모사업의 평가자료로도 활용하고 있다.

사회적가치지표는 '도표 2-3'에서 보듯이 사회적 성과, 경제적 성과, 혁신성과 총 3개 관점으로 구분되며 계량화와 비계량화 측정지표를 혼합해 총 14개 측정지표를 사용한다. 그중 비계량화 지표로는 '3. 사업활동의 사회적 가치 지향성', '6. 사회적 환원 노력도', '14. 혁신 노력도'가 있으며 기업규모와 업종별 특성에 맞추어 '8. 근로자의 임금수준', '10. 고용성과', '11. 매출성과', '12. 영업성과', '13. 노동 생산성' 등은 객관적인 분석 데이터로 측정할 수 있다.

한국사회적기업진흥원에서는 이 측정지표를 활용해 합계점수를 100점으로 하여 다음에 제시된 점수단위로 사회적기업의 성과를 평가한다. 자세한 내용은 매년 사회적기업통합정보시스템 www.seis.or.kr에서 확인할 수 있으며 한국표준사업분류표에 따라 업종별로 구분해 상대적으로 평가하고 있다.

• 탁월(90점 이상) : 모든 사업영역에서 사회적 가치 실현을 위한 체계적인 시스템을 갖추고 효과적인 활동이 이루어지고 있으며 매우 높은 성과를 달성하고 있는 수준

- 우수(75점 이상 90점 미만) : 대부분 사업영역에서 사회적 가치 실현을 위한 체계적인 시스템을 갖추고 효과적인 활동이 이루어지고 있으며 높은 성과를 달성하고 있는 수준
- 보통(60점 이상 75점 미만) : 일부 사업영역에서 사회적 가치 실현을 위한 시스템을 갖추고 활동이 추진되고 있지만 사회적 성과는 다소 부족한 수준
- 미흡(60점 미만) : 일부 사업영역에서 사회적 가치 실현을 위한 시스템을 갖추지 못하고 활동이 미비해 개선을 위한 변화시도가 필요한 수준

도표 2-3 사회적가치지표 총괄표

관점	범주	영역	측정지표	배점
사회적 성과 (60)	조직 미션 (7)	사회적 미션 (7)	1. 사회적 가치 추구 여부	2
			2. 사회적 성과 관리체계 구축 여부	5
	사업 활동 (35)	주사업활동의 사회적 가치 (15)	3. 사업활동의 사회적 가치 지향성 (비계량 지표)	15
		사회적경제 생태계 구축 (10)	4. 사회적경제기업과의 협력수준	5
			5. 지역사회와의 협력수준	5
		사회적 목적 재투자 (10)	6. 사회적 환원 노력도 (비계량 지표)	10
	조직 운영 (18)	운영의 민주성 (5)	7. 참여적 의사결정 비율	5
		근로자 지향성 (13)	8. 근로자 임금수준	8
			9. 근로자 역량강화 노력	5

경제적 성과 (30)	재정 성과 (30)	고용 창출과 재정성과 (25)	10. 고용성과	10
			11. 매출성과	10
			12. 영업성과	5
		노동성과 (5)	13. 노동 생산성	5
혁신 성과 (10)	기업 혁신 (10)	기업활동의 혁신성 (10)	14. 혁신 노력도 (비계량 지표)	10
계			14개 지표	100

04

사회적기업
비즈니스 모델의 유형

비즈니스 모델은 어떠한 제품이나 서비스를 어떠한 경로Value Chain를 거쳐 고객에게 전달할 것인가를 누구든지 알 수 있도록 쉽게 풀어서 설명해주어야 한다.

도표 2-4 사회적기업의 기본 비즈니스 모델

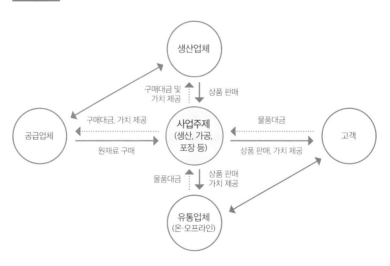

영리기업의 비즈니스 모델은 많은 서적과 연구자료를 통해 완성되고 있지만, 사회적기업은 사회적 가치와 경제적 가치를 동시에 수행해야 하므로 이와 관련된 비즈니스 모델의 연구가 여전히 진행되고 있다. 영리기업과 사회적기업의 비즈니스 모델은 구성요소는 유사하지만 소셜미션, 자원의 이동성, 성과 측정에 근본적인 차이가 있어 사회적기업만의 비즈니스 모델을 개발할 필요성이 높아지고 있다.

비즈니스 모델 관련 책의 바이블과도 같은 『비즈니스 모델의 탄생Business Model Generation』의 공동 저자인 알렉산더 오스터왈더Alexander Osterwalder와 예스 피그누어Yves Pigneur는 비즈니스 모델 캔버스[7]를 정의하면서 '도표 2-5'에서 보듯이 영리기업 중심의 9가지 구성요소를 제시했다. '가치제안'을 중심으로 앞부분(핵심파트너, 핵심활동, 핵심자원, 비용구조)은 기업의 가치를 어떻게 만들어가는지 보여주고, 뒷부분(고객관계, 채널, 고객, 수익흐름)은 기업의 가치가 어떻게 고객에게 전달되고 수익이 창출되는지 보여준다.

- 핵심파트너 : 우리의 제품 및 서비스와 긴밀한 협력관계에 있는 공급자
- 핵심활동 : 우리의 가치를 제공하기 위해 시행하는 활동
- 핵심자원 : 우리의 가치를 제공하기 위해 필요한 인적·물적 자원
- 가치제안 : 우리의 가치를 표현하는 차별화 포인트
- 고객관계 : 우리의 제품 및 서비스를 고객이 계속 사용하는 요소

---

7 기업의 제품과 서비스가 전달하는 가치, 고객, 전달방법, 수익모델 등 비즈니스에 포함되어야 하는 주요 사업요소를 포함하는 그래픽 모델이다.

- 채널 : 우리의 제품 및 서비스를 고객이 만나는 접점
- 고객 : 우리의 제품 및 서비스를 판매하는 대상
- 비용구조 : 우리의 비즈니스 모델을 실행하기 위해 주로 사용되는 비용
- 수익흐름 : 우리의 비즈니스 모델을 통해 발생하는 수익

도표 2-5 비즈니스 모델 캔버스의 구성요소

핵심파트너 (Key Partner)	핵심활동 (Key Activities)	가치제안 (Value Proposition)	고객관계 (Customer Relationship)	고객 (Customer Segments)
	핵심자원 (Key Resources)		채널 (Channels)	
비용구조 (Cost Structure)			수익흐름 (Revenue Streams)	

Q 비즈니스 모델 캔버스를 작성하는 이유는 무엇인가요?

A 비즈니스 모델 캔버스를 작성하면 수익이 발생하는 일련의 과정을 탬플릿을 통해 확인할 수 있습니다. 또한 이렇게 확인하고 수정하는 과정을 반복적으로 수행함으로써 보다 견실한 비즈니스 모델을 구축할 수 있습니다.

이 구성요소를 바탕으로 사회적기업의 특성에 맞게 2016년 이란의 경제학자 라흐마니Rahmani가 '도표 2-6'의 수정된 비즈니스 모델 캔버스를 구축해 현재도 많이 통용되고 있다.

라흐마니의 사회적기업을 위한 수정된 비즈니스 모델 캔버스는 사회적 영향력을 극대화하는 데 초점을 맞추고 있다. '가치제

안' 아래 '수혜자' 요소를 추가해 사회적 가치의 수혜자를 구분했고, '고객' 아래 '수혜자' 요소를 추가해 가치창출자로서 고객, 기부자, 자원봉사자, 전문가 집단 등을 포함시켜 구분했다. 또한 소셜미션을 전체적인 '미션'으로써 상위에 두었고, 경제적 가치를 의미하는 '비용구조'와 '수익흐름' 요소와 더불어 사회적 가치의 '영향과 측정'이라는 요소를 추가해 사회적기업의 특성에 맞게 재구성했다.

도표 2-6 라흐마니의 수정된 비즈니스 모델 캔버스

미션(Mission)				
핵심파트너 (Key Partner)	핵심활동 (Key Activities)	가치제안 (Value Proposition)	고객관계 (Customer Relationship)	고객 (Customer Segments)
	핵심자원 (Key Resources)	수혜자	채널 (Channels)	수혜자
비용구조 (Cost Structure)			수익흐름 (Revenue Streams)	
영향과 측정(Impact & Measurements)				

그러나 일반적으로는 비즈니스를 구성하는 요소에 대해 새롭게 계획을 세우고 또 변경하는 반복적인 과정을 거쳐 비즈니스 모델을 구체화해간다. 비교적 소규모에 적은 고용인력으로 사회적 가치와 경제적 가치를 동시에 추구해야 하는 대부분의 국내 사회적기업이 라흐마니의 수정된 비즈니스 모델 캔버스를 작성하는 데 어려움이 있다. 이런 문제를 해결하기 위해 보다 쉽게 비

즈니스 모델을 구축할 수 있도록 사회적기업 비즈니스 모델을 9가지 유형으로 정리했다. 사회적기업을 운영하고 계획하는 데 큰 도움이 될 것이다.

사회적기업 비즈니스 모델의 9가지 유형

알터 킴^{Alter Kim}은 사회적기업 비즈니스 모델을 유형화한 최초의 연구자로, 사회적 기업의 사회적 목적 대상, 제품과 서비스가 판매되는 시장, 사회적기업과 관련된 모조직[8]과의 관계를 모두 고려한 접근법을 개발해 9가지 운영모델로 구분했다.

1. 기업가지원모델(Entrepreneur Support Model)

기업가지원모델은 사회적 기업이 자영업자 또는 기업 등의 대상에게 사업 지원과 금융 서비스를 판매한다. 이를 통해 대상도 오픈마켓에서 자신의 제품과 서비스를 제공한다. 소액금융기관, 중소기업, 사업개발서비스 프로그램을 포함하는 경제적 개발조직이 사용하는 모델이다. 대표적인 국내기업으로는 '사단법인 스타트업미래포럼'이 있으며 임팩트 투자와 컨설팅을 통해 사회적경제기업을 육성한다. 해외기업으로는 미국의 '프로뮤저^{Promujer}'가 여성의 사회적·경제적 지위를 개선하기 위해 오픈마켓에서 제품을 판매하는 볼리비아, 니카라과, 페루, 멕시코의 저소득 여성

---

8 이미 있던 기업에서 한 기업이 독립해 나왔을 경우 그 모체가 되는 조직 또는 투자나 지원을 통해 독립할 수 있도록 지원하는 조직이다.

에게 50~300달러 정도의 운전자본[9]을 제공하는 소액금융기관을
설립했다.

도표 2-7 기업가지원모델

2. 시장중개모델(Market Intermediary Model)

시장중개모델은 3번의 '시장연계모델'과 유사하지만 사회적기
업의 대상인 소규모 생산자[개인, 자영업자, 협동조합 등]에게 제품과 서비스를
직접 제공하고 시장에 접근할 수 있도록 지원하는 것이 차이점이
다. 대표적인 국내기업으로는 '주식회사 에코맘의산골이유식'이
있으며 지역농가에서 수매한 농산물을 이유식으로 가공해 소비
자에게 판매한다. 해외기업으로는 필리핀의 '부석마케팅협동조
합[Pumice Marketing Cooperative]'이 있으며 화산폭발로 인한 침하 농업인인
에이타[Aeta] 부족에게 부석[Pumice]을 구매해 청바지 의류업체에 판매
중개일을 하고 있다.

도표 2-8 시장중개모델

---

9 임금, 원자재비 등 기업이 영업활동을 하는 데 필수적인 경영자본이다.

3. 시장연계모델(Market Linkage Model)

　시장연계모델은 사회적기업의 대상이 되는 자영업자, 소상공인, 중소기업, 협동조합 등의 특정 집단과 외부시장과의 거래관계를 촉진하는 일을 한다. 소비자에게 제품을 연결하는 중개자 역할을 수행하며 서비스에 대한 요금이 주된 수익이다. 현재는 콘텐츠 제작, 크라우드펀딩 등으로 확대되고 있다. 대표적인 국내기업으로는 '주식회사 생각나눔소'가 있으며 청년과 취약계층의 아이디어를 바탕으로 정부와 기관의 콘텐츠를 개발해 보급하고 있다. 해외기업으로는 짐바브웨의 '파이토트레이드아프리카Phytotrade Africa'가 있으며 아프리카 남부의 빈곤층에게 천연제품에 필요한 수집, 재배한 원자재를 구매해 일반 기업에게 판매하는 일을 한다.

도표 2-9 시장연계모델

4. 고용모델(Employment Model)

　고용모델은 사외적기업의 대상이 되는 노숙인, 장애인 등 사회적 취약계층에게 고용기회와 직업훈련을 제공한다. 특정 집단에게 고용기회를 제공할 뿐만 아니라 교육훈련, 심리상담 같은 사회 서비스 제공도 모두 포함한다. 대표적인 국내기업으로는 '주식회사 베어베터컴퍼니'가 있으며 발달장애인 등 취약계층을 고용하고 직업훈련을 실시해 인쇄물, 커피, 쿠키 등의 제품과 서비스를 판매하고 있다. 해외기업으로는 캄보디아의 '디지털디바이드데이터Digital Divide Data; DDD'가 있으며 정보격차데이터[10]를 지뢰피해자, 학대 여성, 고아에게 교육·훈련해 데이터를 입력하는 아웃소싱 일을 한다.

도표 2-10 고용모델

5. 서비스이용료모델(Fee-for-Service Model)

서비스이용료모델의 사회적기업은 사회 서비스 등을 상품화하고 이용료를 책정해 개인, 기업, 지역사회 등의 지불자 집단에게 직접 서비스를 판매한다. 의료, 교육 분야 같은 특정 분야나 사회복지 서비스를 제공하는 업체가 사용하고 있다. 대표적인 국내기업으로는 '셰어하우스우주'가 있으며 청년의 주거문제를 해소하기 위해 공유공간을 개발해 청년이 입주하는 방식으로 서비스를 제공한다. 해외기업으로는 영국 런던에 소재한 'Brigade Bar & Bistro'가 있으며 노숙인에게 직업교육을 실시한 뒤 실제 음식 판매를 통해 수익을 창출한다.

---

10 오프라인 정보자료를 디지털 콘텐츠로 입력한 데이터다.

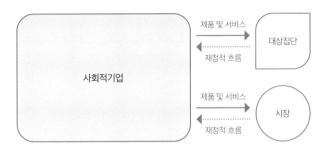

6. 저소득층시장모델(Low-income Client as Market Model)

저소득층시장모델은 5번 '서비스이용료모델'과 유사하지만 특정 취약계층에게 특정 제품이나 서비스를 판매하는 것이 차이점이다. 특정 집단에게 건강, 교육, 삶의 질이나 기회를 증진하는 제품 또는 서비스를 제공하는데, 특히 제3국가에서 많이 시행되는 의료 서비스예방접종, 처방약, 안과수술, 건강과 위생 제품, 유틸리티 서비스전기, 바이오매스, 물, 모든 기타 유료 서비스를 저소득층을 고객대상으로 삼아 판매하는 모델이다. 대표적인 국내기업으로는 '주식회사 바이맘'이 있으며 국내와 제3국가의 에너지 빈곤층을 대상으로 연료 지원의 한계를 넘는 반영구적인 난방 텐트를 제작해 보급하고 있다. 해외기업으로는 인도의 '스코조Scojo' 재단이 있다. 일할 때 필요한 돋보기안경을 인도인 중 오직 0.2%만 보유하고 있어 저소득층에게 이 돋보기안경을 판매하는 것이 주력 사업이다.

7. 서비스보조금모델(Service Subsidization Model)

　서비스보조금모델은 외부시장에 제품과 서비스를 판매함으로써 발생한 수익을 취약계층에게 사회 서비스 제공을 위해 투자하는 것이다. 대표적인 국내기업으로는 '에이유디 사회적협동조합'이 있으며 청각장애인의 정보격차를 감소하기 위해 문자통역 서비스를 제공하고 있다. 해외기업으로는 브라질의 '국가농업협동조합연합Associacao Nacional de. Cooperacao Agricola; ANCA'이 있으며 어린이, 성인, 지역사회 활동가에게 문맹 퇴치 교육과 기타 서비스를 제공한다.

도표 2-13 서비스보조금모델

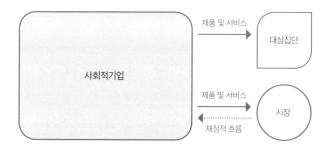

8. 조직지원모델(Organizational Support Model)

　조직지원모델은 사회 서비스를 제공하는 모조직인 비영리조직에 대한 재정적 지원을 위해 보조조직의 형태로 사회적기업을 만들어 모조직의 재정을 지원하는 모델이다. 제품과 서비스를 외부

시장, 기업, 일반 대중에게 판매하고 기업활동은 사회 서비스 프로그램과 분리해 경제적 사업 중심으로 운영하는 모델로, 7번의 '서비스보조금모델'과 유사하다. 대표적인 국내기업으로는 아름다운재단에서 운영하는 '아름다운가게'가 있으며 자원의 재순환을 위한 물품 기부와 재사용 나눔가게를 운영하고 있다. 해외기업으로는 과테말라의 '파라라살루드Para la Salud'가 있으며 의료 취약계층을 위해 마을에 약국 체인을 운영해 총 43개 마을에서 지속적인 의료와 의료 클리닉 서비스를 제공하고 있다.

도표 2-14 조직지원모델

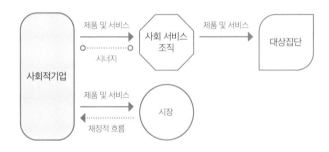

9. 협동조합모델(Cooperative Model)

협동조합모델은 시장정보, 기술 지원, 집단 판매, 대량 구매, 조합원의 생산품이나 서비스를 위한 외부시장 접근성을 지원해 조합 서비스를 받는 조합원에게 직접적인 이익을 주는 모델이다. 대표적인 국내기업으로는 '스탬피플 협동조합'이 있으며 콘텐츠 제작자와 기획자가 조합원이다. 콘텐츠가 필요한 기업, 기관과 연계해 제작해줌으로써 수익을 배분한다. 해외기업으로는 미국의 'EEEqual Exchange'가 있으며 직원 조합원으로 구성된 공정무역 커피 협동조합으로, 일반 구매자가 시장에서 커피 원두를 파운드당 0.45달러 또는 0.60달러에 구매하는 것에 비해 EE는 일반 커피 원두도 아닌 유기농 인증 커피 원두를 파운드당 1.26달러 또는 1.41달러에 구매하여 실제 판매자에게 수익을 더 배분해 공정한 무역을 이끌어가고 있다.

도표 2-15 협동조합모델

사회적기업의 비즈니스 모델　2장

3장

사회적기업과
SDGs

01

지속가능발전목표(SDGs)란?

　2015년 제70차 유엔총회에서 2030년까지 달성하기로 결의한 의제인 '지속가능발전목표 Sustainable Development Goals; SDGs'는 지속가능발전의 이념을 실현하기 위한 인류 공동의 17개 목표다. '2030 지속가능발전의제'라고도 부르며 "단 한 사람도 소외되지 않는 것 Leave no one behin"이라는 슬로건과 함께 인간, 지구, 번영, 평화, 파트너십 5개 영역에서 인류가 나아가야 할 방향성을 17개 목표와 169개 세부목표로 제시했다.

우리나라 정부도 2018년 2월 사회관계장관회의에서 논의한 '국가 지속가능발전목표 수립 추진계획'에 따라 민·관·학 공동 작업반을 구성했다. 환경부, 기재부, 국토부, 교육부 등 관계 부처 협의체와 실무 TF를 통해 K-SDGs를 수립하고 2030년까지 달성해야 할 국제사회의 보편적 가치와 목표를 담아 17개 목표, 122개 세부목표, 214개 지표를 채택했다.

전 세계 대기업과 공공기관은 SDGs에 따른 다양한 지표를 표방하고 이를 실천하기 위해 ESG 투자[11] 비중을 늘리고 있다. 이런 점에서 SDGs는 사회적기업에게, 특히 비즈니스 모델을 구축하는 데 아주 중요한 요소가 되었다. 17개 목표의 자세한 내용은 다음과 같다.

[No.1] 빈곤 퇴치(No Poverty)

빈곤은 하루 1.25달러 이하로 생활하는 절대빈곤뿐만 아니라 국가나 상황별로 상이하게 정의되는 빈곤의 상대적 개념도 포함된다. 그리고 모든 지역은 일반적으로 빈곤으로 어려운 개도국뿐만 아니라 OECD 국가를 포함해 상대적인 빈곤이 존재하는 모든 나라를 포함한다.

- 하루 1.25달러 미만으로 사는 절대빈곤인구를 모든 곳에서 근절한다.
- 국가별 정의에 따라 모든 측면에서 전 연령층의 남녀 및 아동의 빈곤인구 비율을 최소한 절반으로 줄인다.
- 국가별로 최저생계 보장선을 포함한 모두를 위한 적절한 사회보장 시스템과 방안을 이행하고 빈곤층 및 취약계층의 보장범위의 실질적 확대를 달성한다.
- 모든 남녀, 특히 빈곤층 및 취약계층이 동등하게 경제적 자원 활용 및 기초 서비스에 접근하고, 토지 및 기타 유형의 자산, 유산, 천연자원, 적정 신기술, 소액금융을 포함한 금융 서비스에 관한 동등한 오너십과 통제권을 행사할 수 있도록 보장한다.

---

11 '에너지와 소재 등 기업의 비재무적 요소를 사용해 환경에 미치는 영향(Environmental)', '노동자의 건강, 안전, 다양성을 비롯한 사회적 임팩트(Social)', '기업윤리, 주주의 권리, 임원성과 보상정책 같은 지배구조(Governance)'의 성과를 측정해 투자하는 것이다. 즉, 경제적 성과뿐만 아니라 기업의 사회적 책임활동에 대한 성과까지 측정해 투자요소로 활용한다.

- 빈곤층 및 취약계층의 복원력을 구축하고 극심한 기후 관련 재해 및 경제, 사회, 환경적 충격과 재난으로부터 노출과 취약성을 경감한다.

[No.2] 기아 종식(Zero Hunger)

기아 종식, 식량 안보 및 영양 개선 그리고 지속 가능한 농업의 3가지 상호 연계된 목표를 담고 있다. 오늘날 식량위기의 원인은 단순히 식량공급의 부족에 있지 않고 식량배분의 불균형과 식량 생산을 위한 자원에의 접근성 문제, 그리고 식량 생산 시스템의 취약성 같은 생산과 분배 시스템의 문제에서 근본적으로 기인한다.

- 기아를 종식하고 빈곤층과 취약계층, 영유아를 포함한 모든 사람에게 1년 내내 안전하고 영양가 있는 충분한 식량에 대한 접근을 보장한다.
- 5세 미만 아동의 발육 부진 및 발달 자체에 관해 국제적으로 합의된 세부목표 달성을 포함해 모든 형태의 영양실조를 종식하고 청소년기 소녀, 임산부, 모유수유 여성, 노년층의 영양상 필요에 대해 논의한다.
- 토지 및 기타 생산자원과 투입재, 지식, 금융 서비스, 시장과 부가가치 및 비농업 부문 고용 기회에 대한 안정적으로 평등한 접근성 확보를 통해 소규모 식량 생산자, 특히 여성, 선주민, 가족농, 목축민, 어민 등의 농업 생산성과 소득을 2배로 증대한다.
- 생산성과 생산을 증대하고 생태계 유지를 도우며 기후변화, 기상이변, 가뭄, 홍수 및 기타 재해에 대한 적응력을 강화하고 토지와 토질을 점진적으로 향상시키는 지속 가능한 식량 생산 시스템을 보장하고 복원력 있는 농업활동을 이행한다.
- 국가, 지역(대륙), 국제적 차원에서 다양한 식물 및 종자은행의 원활한 관리 등을 통해 씨앗, 농작물, 가축 및 관련 야생종의 유전적 다양성을 유지하고 국제적으로 합의한 관련 전통지식과 유전적 자원활용을 통한 혜택에의 접근성을 증진하고 이를 공정하게 누릴 수 있도록 한다.

[No.3] 건강과 웰빙(Good Health and Well-Being)

건강한 삶과 모든 세대의 복지 증진이라는 간단한 문장으로 되어 있지만 세부적으로 다루는 내용은 광범위하다. 산모와 영유아 사망률, 전염성 질병같이 개발도상국에서 크게 개선되어야 하는 이슈들을 포함하고 있을 뿐만 아니라 도로 교통사고 사상자, 보편적인 의료보험 제공, 그리고 환경오염으로 인한 질병 및 사망같이 중간소득 국가와 선진국에서도 노력이 필요한 이슈들을 포괄적으로 다루고 있다.

- 전 세계 산모 사망률을 10만 명당 70명 미만으로 감소시킨다.
- 모든 국가에서 출생인구 1,000명당 신생아 사망자 수 최소 12명, 5세 미만 사망자 수를 25명까지 낮추는 것을 목표로 신생아와 5세 미만 아동의 예방 가능한 사망을 종식한다.
- AIDS, 결핵, 말라리아, 소외열대질환 등 전염병의 대규모 확산을 근절하고 간염, 수인성 질환 및 기타 감염성 질병을 퇴치한다.
- 예방과 치료를 톻해 비감염성 질환으로 인한 조기사망을 1/3로 줄이고 정신건강과 웰빙을 증진한다.
- 마약 남용 및 유해한 알코올 사용을 포함한 약물 오남용의 예방과 치료를 강화한다.
- 전 세계 도로 교통사고로 인한 사상자 수를 절반으로 줄인다.
- 가족계획, 정보 및 교육 등을 포함한 성·생식 보건 서비스에 대한 보편적 접근과 생식보건

을 국가전략 및 프로그램에 통합하는 것을 보장한다.

- 재무위험 관리, 양질의 필수보건 서비스 및 안전하고 효과적이며 적정가격의 필수 의약품 및 백신에 대한 접근을 포함해 모두를 위한 보편적 의료보장을 달성한다.
- 유해 화학물질 및 대기, 수질, 토지 오염으로 인한 질병 및 사망자 수를 대폭 줄인다.

[No.4] 양질의 교육(Quality Education)

지속가능발전목표(SDGs) 수립 이전에 국제사회의 개발목표였던 '밀레니엄 개발목표 (Millennium Development Goals; MDGs)'에서도 '보편적 초등교육의 실현'이라는 유사한 목표를 제시하고 실천해왔다. 그러나 MDGs가 초등교육에 초점을 둔 한계점이 있었다면 본 목표는 더 포괄적인 범주에서 양질의 교육에 대한 접근성 문제를 다루고 있다. 초등 및 중등 교육뿐만 아니라 취학 전 교육 접근성, 기술교육 및 직업훈련 등 평생학습의 관점에서 교육의 기회 제공을 강조한다. 또한 교육에서의 성차별 해소와 취약계층의 교육 접근성 보장 이슈도 포함하고 있다.

- 모든 여아와 남아가 유의미하고 효과적인 학습성과를 달성하도록 형평성 있는 양질의 초등 및 중등 교육을 무상으로 이수하도록 보장한다.
- 모든 여아와 남아가 초등교육을 사전에 준비할 수 있도록 양질의 영·유아의 발달, 보육, 취학 전 교육에 대한 접근성을 보장한다.
- 모든 여성과 남성에게 적정가격의 기술 및 직업 교육, 대학을 포함한 3차 교육에 대한 동등한 접근성을 보장한다.
- 취업, 양질의 일자리 및 기업가 활동에 필요한 전문 및 직업 기술을 포함한 관련 기술을 가진 청소년과 성인 수를 대폭 늘린다.
- 교육에 대한 성별격차를 해소하고 장애인, 선주민, 취약한 상황에 있는 아동을 포함한 모든 취약계층이 모든 수준의 교육 및 직업훈련에 동등하게 접근하도록 보장한다.
- 모든 청소년과 상당한 비율의 성인남녀가 문해 및 산술 능력을 갖추도록 한다.
- 모든 학습자들에게 지속가능발전, 지속 가능한 생활방식, 인권, 성평등, 평화와 비폭력 문화 확산, 세계시민의식, 문화 다양성 존중 및 지속가능발전을 위한 문화의 기여 등에 대한 교육을 통해 지속가능발전 증진을 위해 필요한 지식과 기술의 습득을 보장한다.

[No.5] 성평등(Gender Equality)

모든 국가의 모든 여성과 여아에 대한 모든 형태의 차별을 철폐하고 인신매매, 성적 착취, 아동결혼, 조혼, 강제결혼 등 모든 형태의 폭력과 위해행위를 근절하고자 한다. 또한 국가별로 적절한 공공 서비스, 인프라, 사회보장정책의 제공과 정치, 경제 및 공적인 생활에서 여성의 참여와 리더십의 공평한 기회보장을 포함한다. 이와 더불어 성건강과 출산권에 대한 보편적 적용을 목표로 하며 이를 위해 경제적 자원에 대한 여성의 평등권을 지원하기 위한 개혁 추진, 정보통신기술(ICT) 사용 진작, 공정한 정책과 법제도의 도입과 강화를 제안하고 있다.

- 여성 및 여아에 대한 모든 형태의 차별을 모든 곳에서 없앤다.
- 인신매매, 성착취 및 기타 유형의 착취를 포함해 공적 및 사적 영역에서 여성과 여아에 대한 모든 형태의 폭력을 철폐한다.
- 조혼, 아동 강제결혼 및 여성 할례 같은 모든 악습을 철폐한다.
- 국가별 상황에 맞추어 공공 서비스, 사회기반시설, 사회보장정책 및 가정 내 공동의 책임

도모를 통해 무급돌봄과 가사노동에 가치를 부여하고 중요성을 인식한다.
- 정치, 경제, 공공 부문 등 모든 차원의 의사결정 과정에 여성의 완전하고 효과적인 참여와 리더십에 대한 동등한 기회를 보장한다.
- [국제인구개발회의 행동계획], [베이징행동강령] 및 검토회의의 결과문서에 따라 합의된 대로, 성·생식 보건과 재생산권에 대한 보편적 접근을 보장한다.

[No.6] 깨끗한 물과 위생(Clean Water and Sanitation)

위생 환경과 설비에 대한 모두의 적절하고 공평한 접근성을 확보하고 취약한 환경에 있는 여성과 아이들에게 특별한 주의를 기울이고 노상배변 종식을 목표로 한다. 이는 공해 저감, 유해물질 최소화, 미처리 폐수비율을 절반 이하로 감소하는 것만이 아니라 재활용 및 재사용률 증가를 통한 수질 개선을 포함한다. 또한 용수의 효율 증대, 담수의 지속 가능한 배수와 공급 확보 및 모든 단계에서 통합된 물자원 관리를 시행해야 한다. 이를 위해 물 관련 생태계를 보호하고 물, 위생 관련 활동에 있어 국제협력 및 개발도상국의 역량강화 증진, 지방정부의 참여 지원과 강화를 제안하고 있다.

- 모두를 위한 적정가격의 안전한 식수에 대한 보편적이고 동등한 접근을 달성한다.
- 여성과 여아 및 취약계층의 필요에 특별한 주의를 기울이면서 모두에게 적절하고 공평한 위생시설에의 접근을 달성하고 야외배변을 근절한다.
- 오염 감소, 쓰레기 무단투기 근절, 유해 화학물질 및 위험물질 방류 최소화, 미처리 하수비율 절반 감축, 전 세계 재활용 및 안전한 재사용 대폭 확대를 통해 수질을 개선한다.
- 모든 부문에서의 용수효율을 대폭 증대하고 물 부족을 해결하기 위한 담수의 추출과 공급이 지속 가능하도록 보장해 물 부족으로 고통을 겪는 인구의 수를 대폭 감소시킨다.
- 적절한 초국경 협력을 포함해 모든 수준에서 통합적 수자원 관리를 이행한다.
- 산, 숲, 습지, 강, 지하수층, 호수를 포함한 물 관련 생태계를 보호하고 복원한다.

[No.7] 청정한 에너지(Affordable and Clean Energy)

모두에게 지속 가능한 에너지를 보장하는 것을 목표로 한다. 이는 2030년까지 적정가격의 신뢰성 있는 현대식 에너지의 제공, 신재생 에너지 비중 증대, 에너지 효율 개선비율 2배 확대 등을 포함한다. 이를 위해 국제협력 증대와 에너지 인프라 및 청정 에너지 기술에 대한 투자를 촉진하고 지속 가능한 에너지 서비스를 공급하기 위한 인프라 확대와 기술 업그레이드를 제안하고 있다.

- 적정가격의 신뢰할 수 있고 현대적인 에너지 서비스에 대한 보편적 접근을 보장한다.
- 전 세계 에너지 믹스(에너지원의 다양화)에서 신재생 에너지의 비중을 대폭 늘린다.
- 전 세계 에너지 효율의 개선율을 2배로 늘린다.

[No.8] 양질의 일자리와 경제성장(Decent Work and Economic Growth)

지속적인 경제성장과 양질의 일자리 증진을 목표로 한다. 이는 국가별 상황에 맞추어 경제성장을 지속화하고 다양화, 기술 향상 및 혁신을 통해 경제적 생산성을 높이는 것을 목표로 한다. 또한 생산적 활동, 기업가 정신, 창조와 혁신을 지원하는 정책을 장려하고 2030년까지 소비와 생산에서 자원효율을 획기적으로 개선하기를 기대한다. 이와 더불어 모든 남녀에 동일 노동에 대한 동일보수 달성, 모든 형태의 아동노동 및 강제노동 근절, 안전한 근로환경 조성 및 일자리 창출, 금융 서비스 강화를 위해 노력해야 한다. 이를 위해 개발도상국, 특히 최빈국을 위해 '무역을 위한 원조'에 대한 지원을 확대하고 2020년까지 청년고용전략을 개발, 운용하고 ILO의 '세계일자리협약' 추진을 제안하고 있다.

- 국가상황에 따라 1인당 경제 성장률을 유지하고, 특히 최빈국의 경우 연간 국내총생산(GDP) 성장률을 최소 7%로 유지한다.
- 고부가가치와 노동 집약적 분야 집중을 포함한 산업 다각화, 기술 발전과 혁신을 통해 높은 수준의 경제 생산성을 달성한다.
- 생산활동, 양질의 일자리 창출, 기업가 정신, 창의성과 혁신을 지원하고 금융 서비스에 대한 접근을 포함한 소상공인 및 중소기업의 형성과 성장을 장려하는 '개발지향정책'을 촉진한다.
- 소비와 생산에서 전 세계 자원 효율성을 점진적으로 개선하고 선진국이 주도해 '지속 가능한 소비와 생산에 관한 10년 계획'에 따라 경제 성장이 환경 악화로 연결되지 않도록 노력한다.
- 청년 및 장애인을 포함한 '모든 여성과 남성을 위한 생산적 완전고용과 양질의 일자리 창출 및 동일가치노동에 대한 동일임금을 달성한다.
- 교육 및 훈련에 참여하고 있지 않거나 실업상태인 청년(NEET*)의 비율을 대폭 줄인다.
  *Not in Employment, Education or Training
- 강제노동, 현대판 노예, 인신매매를 근절하고 소년병 징집 및 동원을 포함한 가혹한 형태의 아동노동 금지 및 종식을 위해 즉각적이고 효과적인 조치를 취하고 2025년까지 모든 형태의 아동노동을 철폐한다.
- 이주 노동자, 특히 여성 이주자와 불안정한 고용상태에 있는 노동자를 포함한 모든 노동자의 권리를 보호하고 안전하고 안정적인 근로환경 조성을 확대한다.
- 지역의 고유문화와 특산품을 알리고 일자리를 창출하는 지속 가능한 관광을 촉진하는 정책을 개발하고 이행한다.
- 모두를 위한 은행, 보험, 금융 서비스에 대한 접근을 장려하고 확대하기 위해 자국 금융기관의 역량을 강화한다.

[No.9] 산업 혁신과 사회기반시설(Industry, Innovation and Infrastructure)

경제발전과 인류복지 증진을 위해 공평하고 지속 가능한 지역적, 초국적 인프라의 구축 및 산업화 추진을 목표로 한다. 이는 2030년까지 국가별 상황을 고려해 고용 및 GDP에서 공업의 비중을 획기적으로 높이고 소기업들의 금융 서비스 접근도 증진, 가치사슬과 시장에 합류할 수 있는 가능성을 높이고자 한다. 또한 인프라를 개선해 자원 효율성 증진, 과학연구 강화 및 민관 연구개발 지출 증대를 포함한다. 이를 위해 개도국의 금융, 기술 지원을 강화하고 기술 개발과 연구, 혁신을 위한 정책환경 조성, ICT 접근성 증가를 제안하고 있다.

- 모두를 위한 적정가격의 동등한 접근에 중점을 두고 경제발전 및 인류의 웰빙 증진을 위해 지역차원 및 초국경 사회기반시설을 포함해 신뢰성 있고 지속 가능한 양질의 복원력 있는 사회기반시설을 구축한다.
- 포용적이고 지속 가능한 산업화를 추진하고 2030년까지 국가별 상황에 맞게 고용과 국내 총생산에서 산업비중을 대폭 확대하되 최빈국에서는 2배 증대한다.
- 특히 개발도상국에서 신용 우대 및 가치사슬과 시장에의 통합을 포함해 소규모 산업체와 기타 기업의 금융 서비스 접근을 향상한다.

- 국가별 역량에 따른 자원활용의 효율 개선과 청정, 친환경 기술 및 산업공정 도입을 확대 적용해 기존 사회기반시설과 산업을 지속 가능하게 개선한다.
- 인구 100만 명당 연구개발 인력 수 및 공공, 민간 부문의 연구개발 투자의 대폭 확대와 혁신 장려를 포함해 모든 국가, 특히 개발도상국에서 과학연구를 강화하고 산업부문의 기술 역량을 향상한다.

[No.10] 불평등 완화(Reduced Inequalities)

하위 40%의 소득 성장률을 국가평균을 능가하고 이를 유지하는 것을 목표로 한다. 또한 연령, 성별, 장애, 인종, 종교 등을 막론하고 모두를 아우르는 정치, 사회, 경제적 포용력을 기르며 차별적인 법, 정책, 관행을 철폐하고 기회의 평등 보장 및 불평등을 해소하고 적절한 입법, 조치를 취하는 것을 목표로 한다. 더불어 금융 시장 및 기관의 감독, 규제를 개선하고 의사결정에서 개발도상국의 대표성을 강화하고 이주와 이동 시 안전성 증진 및 체계화를 위해 계획되고 잘 관리된 이민정책 시행을 목표로 한다. 이를 위해 세계무역기구(WTO) 협약에 의거해 최빈국 차등대우원칙 이행, FDI와 ODA를 포함한 금융흐름을 활성화하고 해외송금지구에서의 과도한 송금비용 부과를 제안하고 있다.

- 2030년까지 전체 인구의 소득수준 하위 40%의 소득 증가율을 국가 전체 평균 이상까지 점진적으로 달성하고 유지하도록 한다.
- 연령, 성별, 장애 여부, 인종, 민족, 출신, 종교, 경제 및 기타 지위와 관계없이 모든 사람의 사회적, 경제적, 정치적 포용을 증진하고 확대한다.
- 차별적인 법규, 정책, 관행을 철폐하고 이와 관련된 적절한 법, 정책, 조치 증진 노력을 통해 평등한 기회를 보장하고 결과의 불평등을 감소한다.
- 재정정책, 임금정책, 사회보장정책을 도입하고 점진적으로 더 높은 수준의 평등을 달성한다.
- 국제 금융시장 및 기관의 규제와 모니터링을 개선하고 규제이행을 강화한다.
- 국제경제 및 금융 관련 국제기구의 의사결정 과정에서 효과성, 신뢰성, 책무성 및 적법성이 보장되는 제도의 운용을 위해 개발도상국의 대의권과 발언권 확보를 보장한다.
- 계획적이고 잘 관리된 이주정책의 이행 등을 통해 체계적이고 안전하며 정규적이고 책임 있는 인구 이주와 이동을 지원한다.

[No.11] 지속 가능한 도시와 공동체(Sustainable Cities and Communities)

적정가격의 안전하고 충분한 주거공간 및 기초 서비스의 접근 보장과 빈민가 개발을 보장한다. 또한 취약계층의 필요에 초점을 둔 지속 가능한 교통체계 제공 및 지속 가능한 도시화를 목표로 한다. 더불어 세계문화, 자연유산 보호와 재해로 인한 직·간접적인 피해인구를 대폭 축소해 경제적 손실을 대폭 경감하는 것을 목표로 한다. 또한 대기 질과 각종 폐기물 관리에 초점을 맞추고 인구 1인당 도시에서 발생하는 부정적 영향을 축소하고 누구나 이용 가능한 녹색공간 확대를 목표로 한다. 이를 위해 국가와 지역수준에서의 개발계획을 강화하며 재난 위험 관리정책 도입 및 최빈국에 대한 재정적, 기술적 지원 강화를 제안하고 있다.

- 모두를 위한 충분하고 안전한 적정가격의 주택과 기초 공공 서비스에 대한 접근을 보장하고 빈민가 환경을 개선한다.
- 모두를 위한 안전한 적정가격의 접근이 용이하고 지속 가능한 교통 시스템을 제공하고 특히 여성, 아동, 장애인, 노인 등 취약계층의 필요를 고려해 대중교통을 확대함으로써 도로 안전을 개선한다.

- 모든 국가에서 참여적, 통합적이고 지속 가능한 거주지 계획과 관리를 위한 역량 강화 및 포용적이고 지속 가능한 도시화를 강화한다.
- 세계문화, 자연유산을 보호하고 보존하기 위한 노력을 강화한다.
- 빈곤층과 취약계층의 보호에 초점을 맞추고 물 관련 재난을 포함해 재난으로 인한 사망과 피해자 수를 현저히 줄이고 글로벌 GDP에 영향을 미치는 직접적인 경제적 손실을 대폭 감소한다.
- 공기의 질과 도시 외 여타 폐기물 처리에 특별한 관심을 기울이는 등의 방식을 통해 도시 인구 1인당 부정적 환경영향을 축소한다.
- 여성, 아동, 노인 및 장애인을 위해 안전하고 포용적이고 접근 가능한 공공 녹지공간에 대한 보편적 접근을 보장한다.

[No.12] 책임감 있는 소비와 생산(Responsible Consumption and Production)

모든 국가들의 '지속 가능 소비와 생산을 위한 10개년 계획' 이행, 자연자원의 지속 가능한 관리 및 효율적 사용, 음식물 쓰레기 절반으로 감소, 생산 및 공급망에서 발생하는 식량 손실 감축, 화학물질과 폐기물 방출을 획기적으로 감소하는 것을 목표로 한다. 또한 다국적 기업을 포함한 모든 기업들이 지속가능활동을 채택하고 국가정책과 우선순위에 부합하는 공공조달방식을 채택하며 모든 인류가 2030년까지 자연과 조화로운 지속가능발전과 생활방식에 관해 인식할 수 있도록 한다. 이를 위해 개발도상국들의 과학기술역량 강화를 지원하고 지역에서의 일자리 창출 및 지역상품 촉진을 비롯해 비효율적인 화석연료 보조금 개선, 세제구조 개혁, 유해한 보조금 지급 축소, 개발에 따른 부작용 최소화를 제안하고 있다.

- 개발도상국의 발전과 역량을 고려하면서 선진국 주도하에 지속 가능한 소비와 생산양식에 관한 10개년 계획 프레임워크를 모든 국가가 이행한다.
- 천연자원의 지속 가능한 관리와 효율적 사용을 달성한다.
- 유통 및 소비자 수준에서 전 세계 인구 1인당 음식물 쓰레기를 절반으로 줄이고 출하 뒤 손실을 포함한 식품의 생산 및 공급망에서 발생하는 식품 손실을 감소한다.
- 국제사회에서 합의한 프레임워크에 근거해 화학물질 및 유해 폐기물을 모든 주기에서 친환경적으로 관리하고 인간의 건강과 환경에 대한 부정적 영향의 최소화를 위해 대기, 물, 토양으로의 유출을 현저히 줄인다.
- 예방, 감축, 재활용 및 재사용을 통해 폐기물 발생을 대폭 줄인다.
- 기업, 특히 대기업 및 다국적 기업이 지속 가능한 활동을 도입하고 보고체계에 지속 가능성 정보를 통합하도록 장려한다.
- 국가별 정책과 우선순위에 따라 지속 가능한 공공조달 시행을 촉진한다.
- 모든 사람이 지속 가능한 발전 및 자연과 조화를 이루는 생활양식에 대해 인지하고 관련 정보를 어디서나 알 수 있도록 보장한다.

[No.13] 기후변화 대응(Climate Action)

모든 국가에서 기후 관련 위험과 자연재해에 대한 적응역량을 강화하고 국가 정책, 전략, 계획과 기후변화 대응방안 통합 등을 목표로 한다. 이는 기후변화 완화, 적응, 영향 감소 및 조기경보에 관한 교육, 인식 증진, 인적 및 제도적 역량 증진을 포함한다. 이를 위해 2020년까지 매년 1,000억 달러 상당의 가능한 모든 자원을 동원하기로 한 약속을 이행하고 녹색기후기금의 재원 운용, 최빈국에서의 기후변화 관련 계획 및 관리의 역량을 증진하기 위한 구조 강화를 제안하고 있다.

- 모든 국가에서 기후 관련 위험 및 자연재해에 대한 복원력과 적응력을 강화한다.
- 기후변화에 대한 조치를 국가 정책, 전략, 계획에 통합한다.
- 기후변화 완화, 적응, 영향 감소, 조기경보 등에 관한 교육, 인식 제고, 인적·제도적 역량을 강화한다.

[No.14] 해양 생태계(Life Below Water)

2025년까지 모든 종류의 해양오염 예방 및 감소, 2020년까지 해양 생태계의 회복력 증진, 모든 단계에서의 과학적 협력을 강화해 해양 산성화의 영향을 최소화하고 해결하고자 한다. 또한 2020년까지 어획량 규제, 불법, 비보고, 비규제 어업 등을 종식하고 지속 가능한 수산 자원량 회복을 위한 과학기반 관리계획 시행을 목표로 한다. 이와 더불어 과잉 생산 및 어획에 일조하는 어업보조금을 금지하고 해양자원의 지속 가능한 활용을 통해 군소도서국 및 최빈국에게 돌아가는 경제이익을 증진하는 것을 포함한다. 이를 위해 '해양기술공학 이전에 관한 정부 간 해양학위원회 기준 및 가이드라인'을 고려해 연구역량을 발전시키고 소규모 영세어업의 시장 접근성 확대 및 국제법, 지역, 국제적 제도의 완전한 이행 보장을 제안하고 있다.

- 모든 형태의 해양오염, 특히 해양 폐기물, 영양분 오염 등 육상활동으로 인한 오염을 예방하고 현저히 감소한다.
- 심각한 부정적 영향을 피하기 위해 복원력 강화를 포함해 해양 및 해안 생태계를 지속 가능하게 관리하고 보호하며 건강하고 생산적인 바다를 만들기 위해 복원조치를 취한다.
- 모든 단계에서의 과학기술 협력 강화 등을 통해 해양 산성화의 영향을 다루고 최소화한다.
- 어류 포획을 효과적으로 규제하고 남획 및 불법, 미신고, 비규제 어업 및 파괴적 어업관행을 근절하며 가능한 한 빠른 시일 내 어류자원이 생물학적 특성에 따라 지속 가능한 최대 산출량 수준으로 복원되도록 과학에 기반한 관리계획을 이행한다.
- 최신 과학정보를 기반으로 관련 국내법 및 국제법에 따라 최소 10%의 해안 및 해양 지역을 보존한다.
- 생산 과잉 및 남획을 조장하는 특정 형태의 수산보조금을 금지하고 불법, 미신고, 비규제 어업을 조장하는 보조금을 제거하며 그러한 형태의 보조금 신설을 제한하는 동시에 개발도상국과 최빈국에 대한 적절하고 효과적인 특별우대 조치가 WTO 수산보조금협상에 포함되어야 함을 인지한다.
- 어업, 양식업, 관광업의 지속 가능한 관리를 통해 해양자원을 지속 가능한 수준에서 사용함으로써 군소도서개발국 및 최빈국의 경제적 이익을 확대한다.

[No.15] 육상 생태계(Life On Land)

육상 생태계 보호, 복원 및 지속 가능한 산림 관리, 사막화와 토지 황폐화 방지 및 생물 다양성 감소를 목표로 한다. 이는 2020년까지 육상의 담수 생태계와 삼림, 습지, 산맥, 육지 등의 보전 및 지속 가능한 이용을 확보하고자 한다. 또한 2030년까지 지속가능빌전의 혜택을 제공하는 역량 증진을 위해 산림 생태계 보전 확보, 자연 서식지의 악화 완화를 위한 중대한 조치 이행, 2020년까지 멸종위기의 종을 보호하고 예방하는 것을 포함한다. 더불어 유전자원에의 적절한 접근성 향상, 동·식물 보호종의 포획 및 거래 종식을 위한 조치, 외래종의 침습 방지 및 생물 다양성 가치를 국가 및 지방 계획, 발전과정, 빈곤감소전략에 포함하기를 기대한다. 이를 위해 모든 자원, 재정적 재원을 동원하고 확충하며 개발도상국들에게 적절한 인센티브 제공 및 보호종의 포획과 거래 방지를 위한 국제적 지원 강화를 제안하고 있다.

- 국제 협약상 의무에 따라 숲, 습지, 산악지역, 건조지 등을 포함한 육지와 내수면 생태계 서비스의 보존, 복원, 지속 가능한 사용을 보장한다.
- 전 세계 모든 유형의 숲에 대한 지속 가능한 관리 이행을 촉진하고 삼림 파괴를 중단하며 황폐화된 숲을 복원하고 조림과 재식림을 대폭 확대한다.
- 사막화를 방지하고 사막화, 가뭄, 홍수로 영향받은 토지를 포함한 모든 황폐화된 토지와 토양을 복원하고 토지 황폐화가 없는 세상을 이루도록 노력한다.
- 지속 가능한 발전에 필수적인 이익을 주는 산림 생태계의 수용력 강화를 위해 생물 다양성을 포함한 산림 생태계의 보존을 보장한다.
- 자연 서식지 황폐화를 줄이기 위한 신속하고 강력한 조치를 취하고 생물 다양성 손실을 중단하며 2020년까지 멸종위기종을 보호하고 멸종을 예방한다.
- 국제적 합의에 따라 유전자원 활용에 따른 이익을 공평하고 동등하게 분배하고 유전자원에 대한 적절한 접근을 촉진한다.
- 동·식물 보호종의 포획 및 밀거래 종식을 위해 조속한 조치를 취하고 불법 야생동물 상품의 수요 및 공급을 모두 해결한다.
- 육상 및 수중 생태계를 교란하는 외래종의 유입을 방지하고 그로 인한 영향을 현저히 감소하는 방안을 도입하며 우선관리종을 통제 및 박멸한다.
- 생태계와 생물 다양성의 가치를 국가 및 지역별 계획, 개발과정, 빈곤감소 전략 및 회계에 통합한다.

[No.16] 평화, 정의와 제도(Peace, Justice and Strong Institutions)

평화로운 사회와 책무성 있는 제도 구축을 목표로 한다. 이는 전 지역에서의 폭력과 이와 관련된 사망률의 축소, 아동 학대, 착취, 인신매매 및 모든 형태의 폭력과 고문 근절, 모두에게 평등한 사법 접근성 보장을 목표로 한다. 또한 2030년까지 불법자금 및 무기유입 감축 등 조직범죄를 근절하고 모든 형태의 부패와 뇌물수수의 감소, 신뢰할 수 있는 투명한 제도 개발, 포용적이고 참여적인 의사결정 보장, 국제기구에서의 개도국 참여확대 강화, 모든 사람에게 법적 지위 보장, 정보 접근성 및 기본적 자유 보장을 포함하고 있다. 이를 위해 국제협력을 통해서 폭력 예방, 테러리즘, 범죄 근절과 관련한 제도 강화 및 비차별적 법률과 정책 추진, 법제화 강화를 제안하고 있다.

- 모든 곳에서 모든 형태의 폭력과 그로 인한 사망률을 대폭 감소한다.
- 아동을 대상으로 한 학대, 착취, 인신매매와 모든 형태의 폭력 및 고문을 종식한다.
- 국내, 국제적 수준에서 법치를 증진하고 모두를 위해 정의에 대한 동등한 접근을 보장한다.
- 불법자금 및 무기 거래를 대폭 감소시키고 불법 취득 자산의 환수 및 반환조치를 강화하며 모든 형태의 조직범죄를 퇴치한다.
- 모든 형태의 부정부패와 뇌물수수를 대폭 감소한다.
- 모든 단계에서 효과적이고 투명하며 책무성 있는 제도를 개발한다.
- 모든 단계에서의 의사결정이 대응적, 포용적, 참여적, 대의적이도록 보장한다.
- 글로벌 거버넌스 제도에서 개발도상국의 참여를 확대하고 강화한다.
- 출생등록을 포함해 모든 사람에게 법적지위를 부여한다.

- 국내법 및 국제적 합의에 따라 정보에 대한 대중의 접근을 보장하고 기본적인 자유를 보호한다.

[No.17] 목표 달성을 위한 파트너십(Partnerships for the Goals)

이행수단 강화 및 지속가능발전을 위한 글로벌 파트너십 활성화를 목표로 한다. 동 목표는 재원, 기술, 역량 강화, 무역 및 정책과 제도 일관성, 다양한 이해관계자 파트너십, 데이터, 모니터링 및 책무성을 포함한 시스템적인 이슈로 분류되어 있다. 우선 재원부문에서는 개발도상국의 세금과 공공수익 징수에 관한 국제적 지원 및 국내 동원역량 강화, 선진국의 GNI 대비 ODA 비율 0.7% 달성, 채무 탕감, 부채 조정 등 지원 및 최빈국에의 투자촉진체제 도입 및 시행을 목표로 한다. 두 번째로 기술부문에서는 과학기술 및 혁신분야에서의 남북, 남남, 삼각 협력, 지역 및 국제 협력 강화와 개도국에 유리한 조건으로 기술의 개발, 이전, 2017년까지 최빈국을 위한 ICT 등의 적정기술 사용의 확산을 포함하고 있다. 이어서 역량강화 부문에서는 개발도상국이 남북, 남남, 삼각 협력 등을 통해 SDGs 이행을 위한 국가계획 지원을 확대하고자 한다. 네 번째 무역부문에서는 WTO 체제하의 범세계적이고 규칙에 기반한 공개적, 비차별적, 평등한 다자간 무역체제 구축, 개발도상국의 수출량 확대, 특혜 원산지 규정 적용 등을 목표로 한다. 다섯 번째 시스템적 이슈에는 정책 일관성을 통한 글로벌 거시경제의 안전성 향상과 정책 수립 및 이행에 있어서 개별국가의 정책과 리더십을 존중하고자 한다. 또한 목표 달성을 위한 효과적인 공공, 민관, 시민사회 파트너십의 확장 및 증진을 포함한다. 마지막으로 2020년까지 개발도상국에서 소득, 젠더, 연령, 민족, 이민 등과 연관된 신뢰할 수 있는 데이터 확보를 위한 역량 강화를 지원하고 개발도상국의 통계역량 강화 지원을 제안하고 있다.

- 국내 세금 및 기타 공공수익 징수역량을 개선하기 위해 개발도상국에 대한 국제적 지원 등을 통해 국내재원 동원을 강화한다.
- 선진국은 ODA 규모를 개발도상국에 GNI 대비 0.7%까지 확대하고 최빈국에는 GNI 대비 0.15~0.2%까지 제공하겠다는 공약 달성을 포함해 ODA에 대한 약속을 완전히 이행한다. ODA 공여국은 최빈국에 대한 ODA 규모를 GNI 대비 최소 0.2%로 목표를 설정하도록 고려할 것을 권장한다.
- 개발도상국을 위해 다양한 출처에서 재원을 추가 동원한다.
- 적절한 정도까지 부채 조달, 부채 탕감, 부채 조정을 위한 정책 조율을 통해 장기부채 상환능력을 갖출 수 있도록 개발도상국을 지원하고 고부채빈곤국의 채무부담을 완화하기 위해 외채문제에 대응한다.
- 최빈국을 위한 투자증진계획을 도입하고 이행한다.
- 과학, 기술 및 혁신에 대한 남북, 남남, 삼각 협력 등의 대륙 및 국가간 협력과 접근을 강화하고 글로벌 기술 촉진 메커니즘 활용 및 특히 유엔차원에서 마련된 기존 메커니즘간의 조정을 개선해 상호 합의된 조건에 따른 지식 공유를 확대한다.
- 상호 합의에 의한 양허 및 특혜 조건을 포함해 개발도상국에 유리한 조건으로 청정기술 및 친환경 기술의 개발, 이전, 보급, 활용을 증진한다.
- 최빈국을 위한 기술은행과 과학, 기술 및 혁신 역량 강화 메커니즘을 완전히 운용하고 특히 ICT와 같은 구현기술의 활용을 강화한다.
- 모든 SDGs 이행을 위해 수립된 개발도상국의 국가계획을 지원할 수 있도록 효과적이고 목표 지향적인 역량강화를 이행하며 이를 위해 남북, 남남, 삼각 협력을 포함한 국제사회의 지원을 강화한다.
- 도하개발의제의 최종 협상결과를 포함해 보편적, 개방적, 비차별적이고 규칙에 기반하며

공평한 WTO 산하 다자무역체제를 증진한다.

- 전 세계 수출량에서 최빈국이 차지하는 비중을 2배로 늘리기 위해 개발도상국의 수출을 대폭 늘린다.
- 최빈국 수입품에 대한 특혜 원산지 규정이 투명하고 단순하며 시장의 접근 촉진에 기여하도록 보장함으로써 WTO 원칙에 따라 모든 최빈국에 대해 영구적인 무관세, 무쿼터 시장 접근을 적시에 이행하도록 한다.
- 정책 조정과 정책 일관성 등을 통해 글로벌 거시경제의 안정성을 강화한다.
- 지속가능발전을 위한 정책 일관성을 강화한다.
- 빈곤 퇴치와 지속가능발전을 위한 정책을 수립하고 이행하는 데 있어 각국의 정책재량과 리더십을 존중한다.
- 모든 국가, 특히 개발도상국의 SDGs 달성을 지원하기 위해 지속가능발전을 위한 글로벌 파트너십을 강화하며 지식, 전문성, 기술, 재원을 동원하고 공유하는 다양한 이해관계자간 파트너십으로 글로벌 파트너십을 보완한다.
- 파트너십의 경험과 재원조달전략을 바탕으로 효과적인 공공, 공공-민간, 시민사회 파트너십을 장려하고 증진한다.
- 최빈국과 군소도서개발국을 포함한 개발도상국에 양질의 시의 적절하고 신뢰 가능하며 소득, 성별, 연령, 인종, 민족, 이주상태, 장애 여부, 지리적 위치 및 기타국별 맥락에 따라 세분화된 데이터의 가용성을 대폭 향상하기 위해 역량강화 지원을 확대한다.
- GDP를 보완해 지속가능발전 정도를 측정하는 방법을 개발하기 위해 기존 이니셔티브를 기반으로 하며 개발도상국의 통계역량 강화를 지원한다.

출처 : 환경부

사회적기업과 SDGs

국내외 사회적기업들은 현재 다양한 특징에 기반해 SDGs 17개 목표 달성을 위한 미션을 수행하고 있다. 특히 사회적기업의 사회적 가치와 SDGs 지표의 연관성이 충분히 존재하므로 비즈니스 모델과 연계성이 있다.

식량과 농업 서비스는 앞서 살펴본 2번 '기아 종식'과 연계되고, 의료와 보건 서비스는 3번 '건강과 웰빙', 평생교육과 교육격차 해소는 4번 '양질의 교육', 취약계층의 집 수리와 에너지 보호 서비스는 7번 '청정한 에너지', 다양한 취약계층을 고용하고 훈련하는 대부분의 사회적기업은 8번 '양질의 일자리와 경제성장', 기회의 평등_{장애, 성별, 연령 등}을 추구하는 서비스는 10번 '불평등 완화', 공유주택과 녹지보호 등의 서비스는 11번 '지속 가능한 도시와 공동체', 음식물 쓰레기 감소 같은 사회문제 해결은 12번 '책임감 있는 소비와 생산', 숲 관리와 사막화 방지는 15번 '육상 생태계', 인신매매와 민주적 의사결정 등의 요소는 16번 '평화, 정의와 제도' 등에 적용이 가능하다.

'도표 3-1'은 사회적기업의 특징에 맞추어 SDGs 지표를 정리한 것이다. 해당 사회 서비스와 사회적 목적에 따라 SDGs 지표를 미리 구분해보기를 추천한다.

도표 3-1 사회적기업의 SDGs 지표

사회적기업의 특징	SDGs 지표
공정한 고용 창출, 경제적 자원에 대한 권리 증진, 사회 서비스에 대한 접근성 강화, 민주주의적 참여	1, 5, 10, 16
생산자 조합화, 도시농업, 공정무역, 대안적 먹거리 네트워크	2
보건, 노인 캐어, 육아, 장애인 캐어, 교육, 훈련	3, 4
여성의 활발한 참여를 통한 임파워먼트	7, 8, 9, 10
사회적, 에너지, 금융 인프라 그리고 고용	7, 8, 9, 10
도시마을 재생과 참여적 거버넌스	6, 11
지속 가능한 농업과 자연자원 관리	14, 15
리사이클링, 재활용	7, 12, 13
비공식 부분의 공식화, 시장경제와의 접점	8, 10, 11, 16, 17

출처 : 이일청, 「사회연대경제와 SDGs 17개 목표와의 연계」, 유엔사회개발연구소(2017)

Q 우리나라 사회적기업 중 SDGs와 연관된 사례가 있나요?

A 한국사회적기업진흥원의 우수사례에 따르면 다음의 대표적인 사례가 있습니다. 이외에도 다양한 형태의 사례가 있으며 본 책의 4장에서 더욱 자세히 살펴보겠습니다.

사례 ① : SDGs 지표 3번 '건강과 웰빙'
- 안성의료복지 사회적협동조합 : 1994년부터 의사와 환자가 서로 믿을 수 있는 의료기관을 운영하며 취약계층에 대한 보건의료 서비스를 제공하고 지역사회 주민자치능력 향상을 도모하고 있다. 현

재 14명의 의료진이 참여해 6개 의원과 1개 재가장기요양기관, 2개 검진센터를 운영 중이다.

사례 ② : SDGs 지표 4번 '양질의 교육', 10번 '불평등 완화'

• 사단법인 점프 : 청소년의 교육기회 확대와 교육격차 해소를 위해 2011년 설립된 기업이다. '청소년-대학생-사회인'으로 연계되는 선순환 구조의 '멘토-멘티' 결연사업을 진행한다. 2011~2017년까지 6년간 현대차그룹 대학생 교육 봉사단 'H-점프스쿨'을 통해 2,225명의 청소년에게 맞춤형 학습기회를 부여하고 592명의 대학생에게 멘토링 서비스를 제공했다. 또한 사교육비(약 111억 원)와 대학생 진로비용(약 17억 원)을 절감하는 성과를 거두었다. 전국의 지역아동센터, 아동복지기관과의 연계를 통해 약 18억 원의 강사 채용비도 절감할 수 있었다.

사례 ③ : SDGs 지표 8번 '양질의 일자리와 경제성장'

• 주식회사 테스트웍스 : 2015년 설립된 테스트웍스는 소프트웨어를 활용해 경력단절여성, 발달장애인 등 취약계층의 일자리를 창출하는 기업이다(2017~2018년 발달장애인 퇴사율 0%). 테스트웍스는 발달장애인에게 적합한 직무영역과 기술을 개발해 2016년 3억 원이던 매출이 2018년 8억 원으로 성장했다. 2019년에는 ICT 전문 임팩트 투자기관인 D3쥬빌리파트너스로부터 10억 원의 투자를 유치했다.

4장

사회적기업
비즈니스 모델 30

01

사단법인 스타트업미래포럼

#사회적경제기업 #SDGs8 #B2B #기타형 #컨설팅 #투자

1 소셜미션

스타트업미래포럼은 청년창업기업의 성장과 도약을 위한 발판을 마련하고 성공창업 생태계 조성을 위한 협력체계를 구축한다.

2 비즈니스 모델 : 기업가지원모델

3 창업 스토리

스타트업미래포럼은 대난히 흥미롭게 시삭뇌었다. 연세대학교 정경·창업대학원 동기들이 모여 창업한 비영리기업으로, 창업기획자엑셀러레이터 기관이자 예비사회적기업이기도 하다. 서귀동 의장은 우체국쇼핑 MD 출신으로, 다양한 제품을 선별하고 판매하던 평범한 직장인이었지만 퇴사 뒤 2017년 '주식회사 나누고'를 설립한다. 이후 M&A를 통해 외국계 회사에 매각하고 영월군창업보육센터장으로 근무하며 다양한 창업 경험을 쌓는다. 강원도 내 창업 생태계, 특히 사회적경제기업 컨설팅을 하면서 스타트업미래포럼의 필요성을 인지하고 2020년에 설립했다.

4 핵심가치

스타트업미래포럼의 5대 핵심가치인 '역량_{세상에서 이길 수 있는 역량과 능력을 보유}', '도전_{큰 그림을 그리고 이를 위한 도전}', '신뢰_{누구에게나 믿음을 주는 강직함}', '차별_{기존 것과 다른 새롭고 차별적인 사고}', '효율_{효율적인 활동으로 도출된 우수한 결과물}'을 실현하고자 노력하고 있다.

5 수익모델

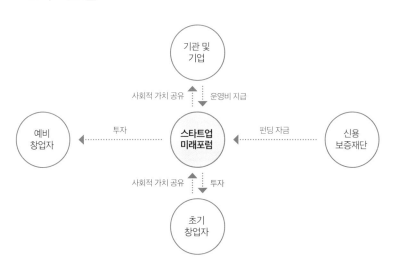

컨설팅과 교육을 통한 운영비가 주된 수익으로, 기업과 기관을 대상으로 서비스를 제공하며, 특히 신용보증재단 컨설팅 그룹으로서 강원도 지역 중소기업에 대해 컨설팅 사업을 총괄하고 있다. 전문 창업기획자 기관으로서 초기기업 대상 투자활동을 통해서도 수익화를 실현해나가고 있다.

6 핵심자원

역량 있는 전문가 그룹이 가장 중요한 핵심자원이다. 세부적으로는 대학교수, 분야별 전문가, 행정지원기관 종사자 등 다양하게 구성해 운영 중이다. 더불어 여러 기관과의 업무협약을 통해 네트워크 구축을 활발히 진행하고 있다.

7 핵심프로세스

스타트업미래포럼은 다양한 투자자 그룹과 우수한 소셜벤처, (예비)사회적기업을 매칭하기 위해 네트워크 프로그램을 꾸준히 열고 있다. 특히 매년 국회에서 '스타트업미래포럼'을 열어 정치, 경제, 학계 등 여러 전문가가 모인 의견공유의 장을 마련하고 있다. 결과적으로 우수한 기관과 기업을 중개해 성장의 발판을 만들어나가고 있다.

02

주식회사 파머스페이스

#소규모농가 #SDGs2 #B2C #일자리제공형 #못난이농산물
fspace.co.kr

1 소셜미션

파머스페이스ᶠᴬᴿᴹᴱᴿ ˢᴾᴬᶜᴱ는 도시와 농촌의 공생을 실현하고 못난이 농산물을 활용해 도시와 농촌문제 해결과 가치를 창출한다.

2 비즈니스 모델 : 시장중개모델

3 창업 스토리

2012년 동아대학교 경영대학원에 재학 중이던 서호정 대표는 '농산물 유통의 거품을 빼자'라는 생각으로 비록 사업자금은 없지만 패기는 있었기에 각종 공모전에 도전했다. 첫 시작은 한국사회적기업진흥원의 '청년 등 사회적기업가 육성사업'이었고 '해외

연수 아이디어 공모전'에도 참가해 일본의 유명 B급 농산물 유통 회사이자 직판장 매출 1위를 기록하는 '메케몬 히로바めっけもん広場' 현장에도 다녀왔다. 일본 견학은 사업 가능성의 확신을 얻는 중요한 계기가 되었다. 곧이어 아산나눔재단의 '정주영 창업경진대회'에 참가해 본선까지 진출했다. 900개가 넘는 팀 중에서 8위 안에 들어 300만 원의 상금도 받았다. 이후 동아대학교 창업동아리 경진대회 우수팀 선정, 부산형 예비사회적기업 지정, 중소기업청 창업선도대학 창업지원팀 선정 등 각종 공모전에 참가해 1억 원이 넘는 사업 개발비를 모았다. 이후에도 SK의 행복나눔재단 임팩트투자기업에 선정되어 사업을 확장했고 2015년 사회적기업으로 인증받았다.

4 핵심가치

농가는 1년 동안 열심히 농사를 지었는데, '못생겼다'라는 이유로 판매가 안 되는 농산물 때문에 골치가 아프고 가공업체는 비싼 원물가격이 부담스러워 생산하기 힘든 경우가 많다. OECD 가입국에서 '못생겼다'라는 이유로 버려지는 못난이 농산물은 연평균 약 900만 톤에 이르며 가치로 추정하면 4,000억 달러에 이르는 손실을 보게 된다. 모양만 이상할 뿐 충분히 먹을 수 있음에도 상품성이 없다는 이유만으로 버려지는 농산물은 파머스페이스를 현재까지 있게 한 원동력이다.

5 수익모델

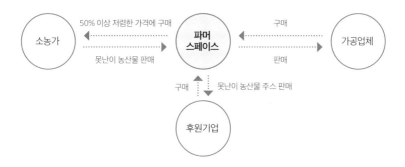

수익모델로는 F2B^{Farm to Business} 플랫폼 서비스를 활용한다. 농가와 가공업체를 직접 매칭시키는 플랫폼으로, 농가는 기본정보만 간편하게 등록해 판로 확대와 소득 창출이 가능하며 가공업체는 원물에 대한 통합정보를 제공받아 효율적인 농가 선택이 가능하다. 전문 검수인이 품질을 확인한 뒤 공급을 받아 원료 수급이 막히는 경우도 방지했다. 또한 비정기적인 화물운송에 따른 수요와 공급간 불균형 문제 역시 배차신청 매칭으로 해결했으며 합리적인 물류 컨설팅도 진행한다. 더불어 거래대금 지급을 보증함으로써 농가와 가공업체간의 신뢰를 높이는 계기를 마련했다.

6 핵심자원

파머스페이스의 핵심자원은 소셜미션과 끊임없는 피봇[12]이다. 파머스페이스의 초기모델은 메케몬 히로바 사례로 시작한 못난

---

12 pivot, 기업이 신제품을 출시한 뒤 시장의 반응을 확인하고 문제가 발견되면 다른 사업 모델로 전환하는 것을 말한다.

이 농산물 유통사업이었다. 일본과 달리 우리나라 시장은 반응이 냉담했지만 원물 자체가 아닌 음료형태로 판매전략을 피봇했다. 부산대학교 근처에 '열매가 맛있다'라는 못난이 농산물 카페 1호점을 열어 계절에 구애받지 않고 공급 가능한 멜론으로 만든 '눈꽃멜론빙수'를 출시했다. 이것이 성공하며 3호점까지 확장하기도 했지만 연이은 신제품 출시에도 사업이 계속 실패하면서 수익이 감소하자 또다시 피봇했다. 2012년을 되돌아보며 못난이 농산물 유통사업에 다시 도전해 결국 F2B 플랫폼 서비스를 개발했고 농가와 가공업체간의 매개체이자 중개사업을 진행 중이다.

7 핵심프로세스

파머스페이스는 소농가에 직접적인 네트워크를 만들어가는 것을 핵심프로세스로 삼는다. 특히 농산물 중 유기농 농산물에 집중해 최고의 품질을 자부한다. 유기농 농산물 중 못난이 농산물을 우선 집하해 유통하고 계절별로 과일과 채소 카테고리를 분류해 지속적인 사업운영을 추진했다. 현재 오프라인 카페 '열매가 맛있다'와 온라인 플랫폼 파머스페이스를 통해 매출을 증대시키고 있다.

03

주식회사
에코맘의산골이유식

#시니어 #SDGs2 #SDGs8 #SDGs11 #B2C #일자리제공형 #이유식
ecomommeal.co.kr

1 소셜미션

에코맘의산골이유식의 슬로건은 "함께 살기 위해 이유식을 만듭니다"다. 어머니의 산인 지리산과 생명의 보고인 섬진강을 끼고 있는 하동군에서 3,000평을 직접 재배하고 수확하는 지역농민과 함께 안전한 친환경 이유식을 만들고 있다. 일터는 '돈터'만이 아닌 '삶터'이자 내가 더 좋은 사람이 되어가는 '수행터'여야 한다는 신념을 가지고 있다.

2 비즈니스 모델 : 시장중개모델

3 창업 스토리

창업자인 오천호 대표는 하동에서 태어나 진주에서 대학교를 졸업한 뒤 전공을 살려 서울에서 화장품 판매영업을 했다. 그렇게 6~7년간 모은 돈을 압구정동의 죽집 창업에 투자한다. 죽집은 성황이었지만 힘든 일에 비해 순이익은 형편없었다. 서울의 높은 물가와 임대료, 인건비 등으로 매출이 높아도 가져가는 돈이 별로 없었기 때문이다.

그러던 어느 날 죽집을 찾은 한 여자 손님이 아기에게 먹여야 하니 간을 하지 않은 죽을 주문했다. 이유를 물으니 죽에서 간이 빠지면 이유식이 되기 때문이라고 했다. 오천호 대표는 이 말을 듣고 사업 아이템을 떠올려 믿고 먹을 수 있는 이유식을 만들고자 고향인 하동으로 내려갔다. 하동은 바다와 논밭이 함께 있는 지리적 특성을 갖추었고 오염되지 않은 청정지역이므로 최고의 이유식을 만들 수 있으리라 생각했다. 그리하여 서울의 죽집을 정리하고 경상남도 하동군 악양면에 에코맘의산골이유식을 창업했다. 그동안 모아둔 돈으로는 창업자금이 부족해 정부에서 지원하는 벤처창업자금 1억 원을 대출받고 직원 3명으로 첫발을 내디딘 것이 2012년의 일이다.

4 핵심가치

에코맘의산골이유식의 핵심가치는 지역과의 상생이다. 재료는 대부분 하동군 지역에서 생산되지만 산지에서만 구할 수 있는 재료는 가까운 시·군에서 받기도 한다. 또한 믿을 수 있는 이유식을 만들기 위해 대부분 친환경 인증을 받은 농산물을 사용한다. 오천호 대표의 이런 노력에 힘입어 에코맘의산골이유식은 2017년 '농식품 상생협력 경연대회'에서 최우수 기업으로 선정되었다. 더불어 지역인재를 적극적으로 영입하고 있다. 지역 내 청년뿐만 아니라 고령자에게도 삶터 같은 공간을 제공해 상생을 추구하고 지역 내 한부모, 다문화 가정 등의 취약계층에게 저렴한 가격에 이유식을 공급함으로써 사회적 가치를 창출하고 있다.

5 수익모델

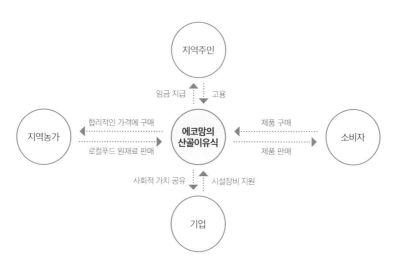

에코맘의산골이유식은 이유식 판매를 통해 수익을 내고 있다. 300여 종의 이유식과 11종의 간식류 등을 보유하고 있으며 이유식은 5개월 전후부터 시작하는 준비기 제품부터 12개월 완료기 제품까지 판매 중이고 반찬과 국도 판매한다. 간식류는 알밤, 곶

감, 딸기 칩, 유기농 과자 등 맛있고 영양도 풍부한 제품들이다.

이유식에 대한 목표시장 선정과 마케팅을 통해 구매자인 엄마의 마음을 읽고 고객화할 뿐만 아니라 직접 재료를 선택할 수 있는 시스템을 개발해 맞춤형 이유식을 제공하고 있다. 2012년 매출액 약 3,650만 원에서 2017년 약 60억 원으로 급성장했다. 6차 산업[13] 개념으로 도시와 농촌을 잇는 이유식 카페를 열어 김해와 창원을 시작으로 2021년에는 전국 16개 매장을 운영해 추가수익을 창출하고 있다.

6 핵심자원

에코맘의산골이유식의 핵심자원은 바로 지역주민이다. 지역과의 상생을 통해 2017년까지 하동군 내 농·축산물을 17억 원어치 이상 구매했고 이 돈은 지역농가 50여 곳에 전달되었다. 또한 지역주민과의 커뮤니케이션을 자사 홈페이지에 올려 고객 신뢰도는 더더욱 쌓이고 지역주민은 소득이 증가하는 선순환 구조가 마련되었다. 직접적인 고용도 증가해 2012년 3명으로 시작한 회사는 2017년 정규직 35명 규모로 성장했다. 35명 모두 지역주민이며 9명이 60세 이상이고 14명은 지역 출신 청년이다. 특히 공장 내 복합식당식당+카페+영화감상실을 만들어 직원의 복지와 지역주민이 함께 이용할 수 있는 쉼터를 제공했다.

지역경제도 급상승해 하동악양농협은 2016년 예금이 약 50억 원

---

13 1차 산업(농산물 재배), 2차 산업(농산물을 활용한 제조와 가공), 3차 산업(체험과 관광)을 융복합해 농업과 농촌에서 새로운 부가가치를 창출하는 산업이다.

이나 늘었고 택배 수요가 몰리면서 하동우체국은 2016년 전국 군 단위 우체국 중 1등 상을 받았다. 하동축협은 매달 3,000~5,000만 원씩 고정매출이 생기는 결과도 보였다. 가장 고무적인 내용은 청년 114명이 하동에 새로 자리를 잡았다는 것이다. 청년농부의 분투 덕분에 인구 약 48,000명인 하동군은 2016년 3,000만 달러 규모의 농산물 수출성과를 냈다. 2014년 600만 달러에 비해 5배로 불어난 것이다. 이는 한 기업가가 시작했지만 지역주민과 하동군이 협력해 청년농부를 키운 결과라 할 수 있다.

7 핵심프로세스

에코맘의산골이유식은 '기타 영유아식'으로 식약처 심사규정에 따라 유기가공식품 인증, 환경경영시스템 인증, 농공상융합형 중소기업 확인 등 다양한 인증기준을 통과했다.

제조과정은 로컬푸드 재료가 입고되면 품질관리팀에서 다시한 번 검수하고 세척한다. 이후 아기가 소화하기 좋은 크기와 강도로 손질해 단계별 이유식 규격에 맞추어 조절하고 지리산 청정수로 만든 육수와 함께 조리한다. 조리 뒤 1차 고온멸균, 2차 선별과 분리, 3차 소독과 건조 과정을 통해 용기에 '소분-밀봉' 순으로 포장한다. 만들어진 이유식은 심부온도를 빠르게 떨어뜨려 급냉각한 뒤 외부온도에 노출되지 않은 상태로 이동해 냉장고에 보관한다. 이 과정에서 자체적으로 관능검사를 수행하고 공인인증기관에서 품질검사를 진행한다. 완성된 이유식은 주문에 맞추어 보냉 박스에 포장해 배송된다.

건강한 로컬푸드 재료를 사용해 지역주민과의 상생으로 탄생한 이유식뿐만 아니라 이유식의 지속적인 연구개발과 철저한 위생관리로 만들어가는 에코맘의산골이유식이다.

04

주식회사 카페티모르

#제3국가 #SDGs1 #SDGs8 #SDGs11 #B2B #기타형 #공정무역
www.peacecoffee.co.kr

1 소셜미션

카페티모르CAFÉ TIMOR는 공정무역의 가치와 이념 실천, 취약계층의 사회적 일자리를 창출, 구성원의 발전을 도모해 지속적인 사업 영위를 목적으로 한다. 나아가 아시아 지역 빈곤농가와의 연대를 통한 공정무역 산지를 확장하고 그 산지의 재화와 서비스를 우리나라에서 판매하는 종합공정무역회사를 추구한다.

2 비즈니스 모델 : 시장중개모델

3 창업 스토리

2004년 우리나라를 방문한 사나나 구스마오Xanana Gusmao 당시 동티모르 대통령이 민간차원의 국제개발사업 지원을 요청해 아시아 YMCA 연맹과 한국 YMCA 전국연맹, 일본 YMCA 동맹이 공동 지원하기로 협약한다. 이에 따라 우리나라 YMCA 전국연맹은 2005~2007년까지 모금활동만 하다가 한계를 극복하고 더 적극적인 지원활동을 위해 국내에서 커피 관련 사회적기업으로 전환, 본격적인 일자리 창출사업과 자활지원사업을 시작한다. 이후 조여호 대표가 사업단에서 독립해 본 사업을 지속적으로 발전시키기 위해 법인을 설립해 현재에 이르고 있다.

4 핵심가치

카페티모르는 소셜미션 실현을 위해 동티모르, 캄보디아, 베트남 등 동남아시아 지역에서 생산되는 우수한 품질의 커피와 카카오의 판로 개척과 확대로 재배농가의 수입을 증대시키고 있다. 또한 공정무역을 통한 생산조합의 지속 가능성을 확보하고 이런 사업과정에서 국내 취업 소외계층의 일자리도 창출한다.

5 수익모델

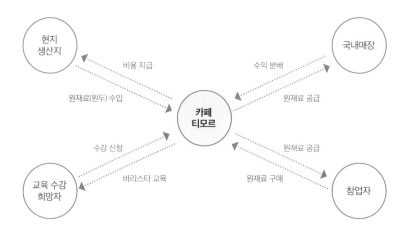

카페티모르에서는 동티모르와 캄보디아 산지의 커피, 베트남 산지의 카카오 등 공정무역에 적합한 산지를 개발해 이를 수입, 제조, 유통하면서 수익을 창출한다. 현재는 커피 제품 20종, 카카오 제품 2종을 판매하고 커피 거래매장 100곳, 개인고객 300명 정도가 꾸준히 구매하고 있다. 더불어 공정무역 카페 컨설팅과 설립을 지원하며 직영점도 운영 중이다.

교육사업으로는 취약계층을 위한 무료 바리스타 교실을 연 2회 운영하고 탈학교 청소년 진로직업 교육도 연 1회 운영한다. 기타 1:1 전문교육, 컨설팅 사업 등 교육사업으로도 수익을 창출하고 있다.

6 핵심자원

공정무역을 지향하는 카페티모르의 핵심자원은 공정무역 산지

발굴과 착한 소비다. 공정무역 운동을 기반으로 설립된 기업으로, 공정무역 산지를 지원해 현지에 사회적기업 설립을 돕고 지속 가능성을 확보해나가고 있다. 동티모르 공정무역 커피 사업이 현지 주민공동체 자립모델로서 우수사례로 평가받고 있는 바, 이런 경험을 통해 제2, 3의 공정무역 산지를 확장하고 있다.

공정무역 산지의 농민교육이나 자립체계 확보만큼이나 국내에서의 지속 가능성 확보 역시 어려운 과제이자 숙제다. 그래서 국내에서 베트남 카카오의 보다 안정적인 판로를 확보하고 개척하는 것에 역점을 두고 있다. 또한 품질 좋은 원재료를 들여와 국내에서 제품화해 그 판로를 성장시켜야 하는 과제도 있다. 이를 위해 공장과 제조공정을 구축해 다양한 형태의 제품군을 개발해야 하고 나아가 국내 카카오 시장에서 성장하기 위해서는 제품을 소비할 소비자가 있어야 하므로 공정무역에 공감하는 착한 소비자가 필요하다.

7 핵심프로세스

카페티모르의 소셜미션인 공정무역의 확산과 확장은 수익성도 중요하지만 그것을 받아들이는 소비자와 어떤 관계로 만나는가에 따라 성패가 좌우된다. 따라서 사회적 가치와 편익적 측면의 지속적인 균형 유시가 필요하다. 즉, 소셜미션과 수익성간의 균형 있고 합리적인 판단과 실천이 요구된다. 이를 위해 풀어야 할 최우선 과제로는 소비자와 더욱 자주 만나서 다양한 시도와 신제품 개발, 즉 새로운 제품과 서비스를 끊임없이 생산해야 한다. 윤리적 소비와 공정무역의 가치를 인정하는 소비자층의 신뢰를 유지하는 과정이 필요하다.

알아두기

공정무역이란?

개발도상국 생산자의 경제적 자립과 지속 가능한 발전을 위해 생산자에게 더욱 유리한 무역조건을 제공하는 무역형태다. 경제선진국과 개발도상국간 불공정 무역구조로 인해 발생하는 부의 편중, 환경 파괴, 노동력 착취, 인권 침해 등의 문제를 해결하기 위해 대두된 무역형태이자 사회운동을 일컫는다. 즉, 다국적기업 등이 자유무역을 통해 이윤을 극대화하는 과정에서 적정한 생산이윤을 보장받지 못한 채 빈곤에 시달리는 개발도상국의 생산자와 노동자를 보호하려는 목적에서 탄생한 대안적 형태의 무역이다.

05

농업회사법인
주식회사 팜프라

#소농가 #SDGs2 #SDGs11 #B2B #기타형 #청년마을 #여행
www.farmfra.com

1 소셜미션

팜프라FARMFRA는 도시에서 농촌으로 삶의 전환을 꿈꾸는 청년들
의 촌村 인프라를 만들어간다. 지구의 지속 가능성을 기반으로 촌
라이프를 실현할 수 있도록 사람과 자연을 생각하는 다양한 제품,
기술, 정보, 지식, 교육, 여행 프로그램을 운영한다.

2 비즈니스 모델 : 시장중개모델

3 창업 스토리

유지황 대표는 경남과학기술대학교 재학시절 기아와 가난 문
제에 관심을 두고 2013년 2월 친구들과 함께 무작정 떠난 세계

농촌여행을 통해 젊은이도 즐거운 농업을 할 수 있다고 생각한다. 이후 다큐멘터리 영화 「파밍 보이즈」를 제작해 제21회 부산국제영화제에서 상영하기도 했다. 초창기 청년정착 프로젝트인 '코부기 프로젝트'를 BAT코리아가 지원하는 'BAT Do-Dream' 지원사업으로 운영을 시작했고 이후 경상남도 사회혁신추진단과 남해군 등의 도움을 받아 2019년부터 본격적으로 팜프라를 운영 중이다. 유지황 대표는 2019~2020 아쇼카 한국 펠로우[14]에 선정되기도 했다.

4 핵심가치

미래세대가 평등한 기회 속에서 다양한 삶의 방식을 선택할 수 있도록 생태계를 만들어가는 일은 지금 사회를 살아가는 사람들의 의무라 생각해 '팜farm(농장)'과 '인프라infra(기반)'를 조합해 이름 지었다. 팜프라는 20~40대의 참가자가 3개월~1년가량 입주해 공동체 생활을 하면서 지방정착을 현실화하기 위해 농업과 건축을 포함한 다양한 기술을 배울 수 있는 환경을 조성한다.

---

14 글로벌 소셜벤처지원기관인 아쇼카재단이 2013년부터 세상을 바꾸기 위해 문제를 인식하고 해결방법을 찾는 사람을 매년 선정해 지원하는 제도다.

5 수익모델

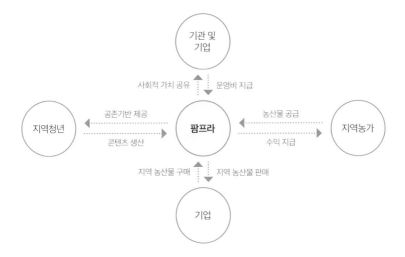

팜프라는 지역자원을 활용한 비즈니스를 수행한다. 지역 내에서 살아보기, 지역 내에서 벌어보기를 통해 끊임없는 질문과 해답을 찾아나가고 있다. 초창기 수익모델인 '코부기 프로젝트'는 이동형 주택이었으나 수요의 부족으로 현재는 많이 활용되지 않고 있다. 매거진 사업, 스토리를 담은 지역 농산물 유통사업, 굿즈 사업 등을 통해서도 수익을 창출하고 있다.

6 핵심자원

남해라는 천혜의 자원이 핵심자원이다. 더불어 팜프라촌에서 동고동락하는 청년이 모여 지역의 색깔을 만들고 지역의 목소리를 담은 새로운 콘텐츠를 생산한다. 누구나 생각하지만 누구나 실천할 수 없는 것을 유지황 대표와 임직원이 함께 만들어가고 있다.

7 핵심프로세스

가치를 전달하는 부분은 세련되게, 가치를 실현하는 것은 진중하게 진행된다. 환경에 대한 지속 가능성을 확보하겠다는 의지와 함께 자연을 매개로 하는 농업을 주된 비즈니스로 생각하기에 기후문제, 에너지 자립률 등을 고민하고 실천하고 있다.

06

주식회사 생각나눔소

#청년 #SDGs8 #SDGs10 #SDGs11 #B2G
#기타형 #공모전 #영상콘텐츠
www.생각나눔소.com

1 소셜미션

사람들의 생각이 모여 사회가치를 높이는 곳, 그 중심에 생각나눔소가 있다. 집단지성이라는 키워드를 바탕으로 누구나 아이디어를 낼 수 있고 이를 통해 사회의 변화를 만들어갈 수 있다는 미션 아래 공모전, 대외활동, 캠페인 등을 운영한다.

2 비즈니스 모델 : 시장연계모델

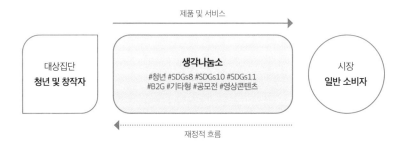

3 창업 스토리

생각나눔소는 2014년 소병인 대표가 설립했다. 평범한 주부였던 소병인 대표는 출산 뒤 경력단절을 경험하고 사회가 불러주길 기다리지 말고 스스로 자리를 만들자고 생각해 사회적기업을 설립한다. 단돈 100만 원으로 설립해 사람들의 아이디어를 모아서 현실화하는 '착한 공모전'을 시작으로 공모전과 캠페인 등을 운영했다. 이후 문화체육관광부, 교육부, 서울특별시, 한복진흥센터, 국립생태원 등 다양한 지방자치단체와 공공기관의 위탁을 받아 사업을 운영했다. 공모전이 가지는 홍보, 운영, 심사, 시상식 등의 프로세스는 여러 가지 형태로 변모해 온라인 마케팅, 행사 운영 등 다양한 사업을 수행할 수 있는 발판 역할을 했다. 2020년 영상 사업을 신규 도입하고 현재는 라이브 커머스, 홍보영상 제작, V-커머스 사업 등으로 영역을 확대하고 있다.

4 핵심가치

생각나눔소의 핵심가치는 집단지성을 통해 사회적 가치를 창출하는 것이다. 한 명의 아이디어는 단순히 아이디어로 끝날 수 있지만 여러 아이디어가 모이면 더욱 좋은 솔루션을 발현할 수 있다는 믿음으로 사업을 운영 중이다. 특히 기회의 평등을 중요하게 생각하며 누구나 아이디어를 낼 수 있고 이를 통해 성장 가능성의 발굴을 추구한다.

5 수익모델

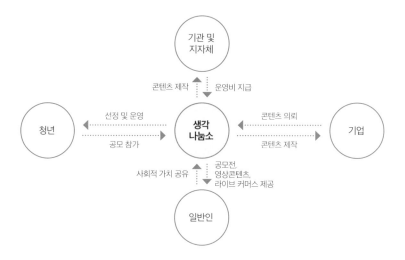

    일반적인 B2G^{Business to Government} 모델을 근간으로 운영되며 주로 공공기관, 지방자치단체, 대기업의 공모사업을 수탁해 운영한다. 더불어 기업의 홍보영상, 캠페인 영상 제작 등을 통해 수익을 창출하기도 한다. 최근 비대면 사회로 전환됨에 따라 사회적경제기업과 우수 중소기업 제품을 라이브 커머스 방식으로 판매해 유통 사업 영역으로도 진입하고 있다.

6 핵심자원

    생각나눔소는 다양한 네트워크와 구성원의 자기계발로 사업의 완성도를 높이고 있다. 공모사업을 통해 다양한 전문가 그룹의 조언을 받을 수 있으며 내부 구성원에게 끊임없이 투자해 "구성원이 성장해야 기업이 성장할 수 있다"라는 명제를 실현하고 있다.

7 핵심프로세스

공모전 프로세스를 통한 사업영역의 확대가 중심이다. 공모전 프로세스는 '기획-홍보-운영-심사-시상식-사후관리'로 나뉘며 이에 따라 각 분야별 사업영역의 확대가 가능했다. 예를 들어 홍보 분야는 SNS 마케팅을 할 수 있는 계기가 되어 기획재정부, 대한적십자사 등의 SNS 채널의 총괄운영을 수행하기도 했으며 시상식 분야는 온·오프라인 시상식 운영기법을 정립하는 계기가 되었다. 이처럼 사업의 확장이 기존 비즈니스를 더욱 강화하고 새로운 가능성의 창출을 보여주는 주요한 사례다.

경상북도 사회적기업 종합상사 협동조합

#사회적경제기업 #SDGs11 #SDGs12 #B2B
#지역사회공헌형 #유통 #플랫폼
www.se종합상사.kr

1 소셜미션

경상북도 사회적기업 종합상사 협동조합은 사회적기업의 교류, 협력, 정착을 통해 '사람중심 경북세상' 구축을 선도한다. 종합상사라는 형태로 국내에서 민간단체 중 사회적기업의 판로 개척을 위해 최초로 만들어진 단체로, 경상북도 내 사회적경제기업이 함께 만들어가고 있다.

2 비즈니스 모델 : 시장중개모델

3 창업 스토리

종합상사는 특정 제품에 국한하지 않고 다양한 제품이 광범위한 국내외 시장에서 거래되도록 성사시키는 기업조직을 말한다. 한국무역협회에 따르면 종합상사가 총 수출에서 담당하는 비중이 1999년에는 51%에 이르기도 했다. 하지만 2000년대 들어 재벌 계열사의 자체 수출 네트워크가 확충되면서 종합상사 수출비중이 2~3%까지 낮아져 결국 2009년 종합상사제도는 공식 폐지되었다.

이후 기존 종합상사 시스템을 벤치마킹해 총 84개 사회적기업 조합원이 십시일반으로 1억 6천만 원의 자본금을 모아 2015년 12월 경상북도 사회적기업 종합상사 협동조합을 설립했다. 사회적기업의 시장 개척, 판로 확보, 기타 사업지원 서비스 등을 망라해 경쟁력 강화에 도움이 되도록 하는 것이 목표다. 민간에서 처음 시작했으나 경상북도 지자체, 대학 등과 연계해 민·관·학이 연계되어 운영하고 있다.

4 핵심가치

설립부터 사회적기업을 돕는 사회적기업이라는 모토로 세워졌기 때문에 기존 기업과 다른 특징을 가진다. 첫 번째는 경상북도 내 영세성, 영업환경의 수익성 저하, 전문성 부족 등 다양한 이유로 어려움을 겪고 있는 사회적기업이 자립기반을 확보할 수 있도록 지원함으로써 사회적기업 시장의 활력을 선도하는 것이다. 두 번째는 자조^{自助}공동체을 지향해 협동조합의 원리에 따라 수평적인 네

트워크 조직으로 성장하는 것이다. 마지막은 사회적기업 부문의
시장 선도와 신시장 개척을 위해 종합상사만의 사업지원체계를 지
원하고 서비스 기술을 확보해 시장 분석과 판로 개척, 판매 촉진,
경영 지원, 조직화 등 사회적기업의 경제력 강화가 목표다.

5 수익모델

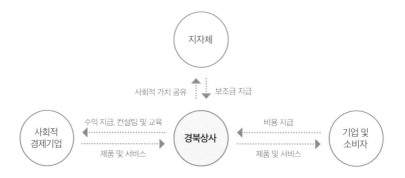

　종합상사모델로써 기본적으로 수수료로 수익화를 한다. 사업
지원 서비스를 받는 수혜기업은 3~5%의 수수료를 내며 직간접
적으로 이루어지는 매출수익도 있다. 물론 수수료 대신 제품이나
서비스를 지역사회에 환원하는 방식도 취하고 있다. 또한 경상북
도의 전폭적인 지원으로, 인건비, 사업비, 교육 지원을 통해 '상사
맨'을 육성하고 판촉활동을 꾸준히 진행하고 있다. 2016년 43억,
2018년 110억, 2019년 242억, 2020년 322억 원의 매출을 기록
해 가능성이 확인되었다.

6 핵심자원

사회적기업의 제품은 '사회적기업 제품 우선구매제도'를 통해 확장성을 가질 수 있다. 사회적기업 제품 우선구매제도란 사회적기업의 제품과 서비스를 공공기관에서 우선 구매함으로써 사회적기업의 자생력을 키우고 이윤은 신규 일자리 창출과 지역경제 활성화 등에 활용해 선순환 구조를 구현하는 것이다. 해당 기관이 직접 구매하는 경우 자체구매^{직접 발주 또는 국가종합전자조달시스템인 나라장터 활용}를 할지 조달구매^{조달청}를 할지 결정하고, 간접 구매하는 경우 공공기관이 (사회적기업이 아닌) 업체가 계약을 수행하는 과정에서 사회적기업 제품이나 용역을 구매하도록 요구한다. 계약과정에서 사회적기업의 제품을 구매할 경우 계약금액 범위 내에서 구매실적으로 인정^{계약과 무관한 구매, 구매대금이 아닌 출연금·기부금·보조금 등을 통한 구매는 불인정}한다. 계약업체와 사회적기업간 구매 증빙자료로 구매계약서, 세금계산서 등을 확인하고 보관해야 한다.

7 핵심프로세스

종합상사의 일은 공공구매 시장 진입, 온·오프라인 판매 채널 개척, 기업이나 공공기관과의 신사업 발굴, 금융 등 지원제도 확립 등 전방위적이다. 종합상사에서 취급하는 품목은 먹는 것, 입는 것, 노는 것, 자는 것까지 없는 것 빼고 다 있다. 사무용품부터 케이터링, 이벤트 대행까지 가능하다. 상사맨은 직접 공공기관을 찾아다니며 판촉과 홍보를 하며 공공기관 담당자가 가장 중시하는 사회적기업 제품 구매가 규정에 어긋나지는 않는지, 정확한 회계처리가 가능한지 등을 꼼꼼히 챙긴다. 종합상사 직원은 직접 만든 공공기관 우선구매 정책안내서와 상품안내서를 들고 다니면서 보유한 품목과 사회적기업 제품의 구매절차, 구매 시 기관에 돌아가는 혜택까지 설명한다.

　지자체, 공공기관, 기업과 MOU를 맺어 신규사업을 만들기도 한다. 경상북도 사회적기업 종합상사 협동조합에서 2020년까지 성사시킨 MOU만 16개다. 경북형 소셜관광 사업은 코레일과 MOU를, 음식과 숙박 분야의 35개 회원사가 연대해 '포아시스투어'라는 전담 여행사를 꾸렸고, 코레일의 폐역사를 이용한 관광사업의 우선 사업권을 따내기도 했다. 신한은행과는 사회적기업 대상 금융지원 MOU를 체결해 도내 신한은행 어디서나 사회적기업 정책금융 상담을 제공하며 대출이율을 최소한으로 하는 지정은행제 협약도 맺었다. 경북우정국과도 MOU를 체결해 온라인 우체국 쇼핑몰에 처음으로 사회적기업 제품 약 280개를 입점시켰는데, 연평균 13억 원에 이르는 매출을 올리고 있다.

08

주식회사 베어베터컴퍼니

#발달장애인 #SDGs8 #B2G #B2B
#일자리제공형 #연계고용 #장애인고용부담금
www.bearbetter.net

1 소셜미션

베어베터컴퍼니^{BEAR BETTER}의 슬로건은 "Bear Makes World Better"다. 직업을 가지고 가족, 이웃과 함께 살아가고자 하는 발달장애인의 소망을 실현한다. Bear는 발달장애인을 가리키며 이들의 우직함과 성실함을 의미한다.

2 비즈니스 모델 : 고용모델

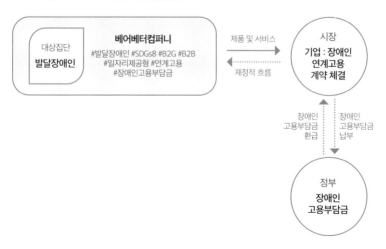

3 창업 스토리

NHN 공동 창업자인 김정호 대표와 NHN 인사담당 임원이었던 이진희 대표는 2012년 5월 베어베터컴퍼니를 공동 설립했다. 잘 나가는 직장을 그만두고 베어베터컴퍼니를 창업한 가장 큰 이유는 이진희 대표의 아들이 발달장애인이었기 때문이다. 발달장애인의 부모들은 아이가 스스로 앞가림하고 밥벌이를 하며 사회 구성원으로서 당당히 목소리를 내는 사람으로 성장하길 바랄 것이다. 그러나 발달장애인이 할 수 있는 일은 많지 않았고, 특히 그들이 만든 제품에 대한 선입견이 창업자에게 가장 큰 걸림돌이었다.

베어베터컴퍼니는 아주 간단한 일부터 시작했다. 바로 '복사'였다. 설비비만 많이 들 뿐 운영비는 크게 들지 않고 발달장애인이 해도 품질에 큰 차이가 없었기 때문이다. 그러나 계속되는 적자로 인해 새로운 비즈니스 모델을 찾던 중 '장애인연계고용부담금 감면제도'를 활용하는 새로운 비즈니스 모델을 개발했다. 이런 지속적인 혁신을 통해 현재 200개 이상의 기업과 동반관계를 맺고 180명 이상의 발달장애인을 고용하고 있다.

4 핵심가치

우리나라에서는 경제활동이 가능한 비장애인은 60% 정도가, 심신에 조금의 어려움이 있는 경증장애인은 40% 성노가 일자리를 가지고 있다. 상대적으로 장애의 정도가 심한 중증장애인도 17% 정도 일자리를 가지고 있지만 자폐성 장애인의 고용률은 단 1%에 불과하다. 발달장애인의 고용은 발달장애인 1인을 고용하는 것을 넘어 발달장애인의 가정까지 수혜자가 될 수 있는 사회적 가치 창출의 가능성을 지니고 있다.

5 수익모델

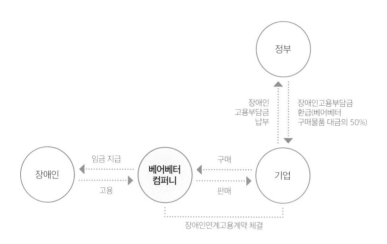

베어베터컴퍼니의 초기 수익모델은 복사였다. 2012년 5월 '쉬운복사' 혜화점을 열어 단순 복사업무를 시작했다. 하지만 제조공정의 자동화율을 높여도 발달장애인의 작업 효율성은 비장애인에 비해 낮을 수밖에 없었고 따라서 경쟁업체 제품보다 20% 정도 비쌀 수밖에 없었다.

이런 취약점을 극복하기 위해 새로운 비즈니스 모델을 찾기 시작했고 '장애인표준사업장' 인증과 '장애인연계고용부담금 감면제도'를 활용했다. 베어베터컴퍼니 제품을 구매하는 기업은 일정액의 장애인고용부담금을 감면받음으로써 제품은 가격 경쟁력을 가지게 된다. 예를 들어 장애인고용부담금을 내는 A 기업이 베어베터컴퍼니와 장애인연계고용계약을 체결하고 제품을 구매한다. 제품가격이 1만 원이라고 하면 다음 해 1월 장애인고용부담금으로 납부한 금액 중 5천 원을 정부로부터 돌려받는다. 결론적으로 A 기업이 최종적으로 제품을 구매한 가격은 5천 원이 되고 장애인 고용을 돕는다는 사회적 명분은 보너스가 된다.

6 핵심자원

베어베터컴퍼니의 핵심자원은 명분, 실리, 신뢰다. 발달장애인의 고용을 돕는다는 사회적 '명분'과 제도를 통한 장애인고용부담금 환급이라는 '실리', 발달장애인의 직무분석을 통해 인원을 배치하고 제품의 품질을 상승시켜 파트너사의 만족도를 높인 '신뢰'다.

베어베터컴퍼니는 2012년 매출액 약 7천만 원에서 2015년에는 30억 원을 웃돌게 되었다. 장애인 직원도 2012년 3명에서 2015년 137명으로 늘어났다. 특히 연계고용 기업이 2013년 50개사에서 2015년 100개사로 급상승한 점이 주목된다. 연계고용 기업이 늘어남에 따라 인쇄복사업, 커피 원두 가공과 카페 사업, 베이커리 사업, 화환 제작과 꽃배달 사업 등으로 사업영역을 확장했다.

7 핵심프로세스

장애인연계고용 사업모델이 성공하기 위해서는 고용하는 장애인에 대한 이해가 가장 중요하다. 장애인별로 가장 잘할 수 있는 것이 무엇인가와 장애인과 비장애인이 함께 업무를 분담할 수 있을지도 중요한 고려사항이다. 장애인연계고용 사업모델은 대부분 B2B^{Business to Business} 모델을 활용하므로 구매기업에 대한 만족도 조사를 꾸준히 할 필요도 있다. 만족스럽지 못한 서비스와 제품은 즉시 개선하고 구매기업에 피드백해 신뢰도를 높이는 노력이 필요하다.

베어베터컴퍼니의 고급화된 브랜드 이미지, 언론 보도, 창업자의 경력이 성공요인으로 보일 수 있으나 그 내면에는 발달장애인에 대한 고민이 누구보다 높았기 때문에 성공한 모델이 되었다.

알아두기

장애인연계고용부담금 감면제도란?

1. 장애인연계고용부담금 감면제도

장애인고용부담금(장애인 의무고용 인원에 미달하는 수에 따라 사업주가 부담하는 고용부담금) 납부의무가 있는 사업주가 장애인연계고용 대상 사업장에 도급해 그 생산품을 납품받는 경우 장애인연계고용 대상 사업장에서 종사한 장애인근로자를 부담금 납부의무 사업주가 고용한 것으로 간주해 부담금을 감면하는 제도다(「장애인고용촉진 및 직업재활법」 제33조 제4항 및 제11항).

2. 장애인연계고용 대상 사업장

- 장애인직업재활시설(www.kavrd.or.kr) : 「장애인복지법」 제58조 제

1항 제3호에 의해 설치된 시설로, 일반 작업환경에서는 일하기 어려운 장애인이 특별히 준비된 작업환경에서 직업훈련을 받거나 직업생활을 할 수 있도록 하는 장애인복지시설

- 장애인표준사업장(www.withplus.or.kr) : 「장애인고용촉진 및 직업재활법」 제22조의 4에 따라 인증받은 표준사업장(단, 자회사형 표준사업장은 대상에서 제외)

※ 위 사이트는 장애인연계고용 대상 사업장의 정보 제공을 위한 참고용일 뿐이며 위 사이트에 없는 사업장이ㅍ라도 해당 인증을 받은 사업장과 연계고용 도급계약을 체결할 수 있다.

3. 장애인연계고용부담금 감면절차

09

주식회사 커피지아

#발달장애인 #SDGs8 #B2B #일자리제공형 #초능력콩감별사
www.coffeejia.com

1 소셜미션

커피지아COFFEE JIA는 다름이 재능이 될 수 있다는 가능성을 보여
준다. 단순히 발달장애인을 고용하는 것에서 그치지 않고 커피를
제조하는 과정에서 발달장애인의 '다름'을 개발하고 훈련해 더
맛있는 커피를 만드는 과정을 만들어간다.

2 비즈니스 모델: 고용모델

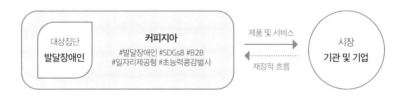

3 창업 스토리

커피지아의 김희수 대표는 어릴 적부터 부모님의 영향으로 커
피를 즐기던 소녀였다. 중국 유학 뒤 국내 대기업에 입사했지만

'젊었을 때 하고 싶은 사업을 해보자'라는 생각에 25세에 평소 즐기던 커피 원두 유통사업을 시작했다. 본래 커피지아는 사회적기업으로 운영할 계획이 없었으나 사업초기 특수학교 교사인 친구의 부탁으로 발달장애인 2명을 몇 달 고용했던 것이 지금의 커피지아를 만들었다.

4 핵심가치

커피지아의 경영철학은 "우리 커피를 마셔보지 않은 사람은 있어도 한 번만 마시는 사람은 없다", "국내에서 최고로 맛있는 커피를 만들고 있다", "커피는 맛있어야 한다"는 것이다. 실제로 커피지아는 맛있는 커피를 위해 '3+2 원칙[15]'을 고수하면서 맛과 가격 경쟁력 갖추기를 기본으로 한다.

제품과 서비스의 품질이 보장되지 않으면 시장경쟁이 어려운 데도 불구하고 많은 사회적기업이 사회적 가치만을 내세우는 경우도 있어 기본에 충실한 커피지아의 모습은 모범이 되기에 충분하다.

---

15 결점두(손상된 원두)가 섞이지 않도록 핸드픽(Hand-Pick, 결점두를 골라내는 수작업)을 2번 진행하는 원칙이다.

5 수익모델

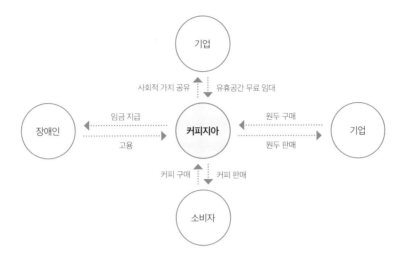

커피지아의 기본 수익모델은 로스팅한 원두의 판매다. 양질의 생두를 최적의 기술로 로스팅해 기업, 커피 판매점, 개인에게 도·소매 주문을 받아 판매한다. 특히 한국인의 입맛에 맞게 자체 개발한 블렌딩 커피 5종, 싱글 오리진 14종, 드립백 커피 6종을 생산해 판매한다. 주문제 판매로 재고를 쌓아두지 않으며 로스팅한 뒤 일주일 이상 지난 원두는 판매하지 않는다.

사회적 가치를 인정받아 사회공헌 차원의 협력과 지원을 통해 서울 용산구에 있는 존슨앤존슨 사내 카페에 입점하기도 했다. 임대매장의 경우 기업의 후원으로 임대료를 면제받고 있다. 또한 한국교통안전공단으로부터 장애인 교육장 겸 카페로 활용할 수 있는 유휴공간을 무료로 지원받아 적은 매출에도 온전히 장애인 고용을 늘릴 수 있는 원천이 되었다.

6 핵심자원

"발달장애인에게는 일반인보다 뛰어난 놀라운 재능이 있습니다". 커피지아의 가장 큰 장점은 바로 맛있는 커피다. 발달장애인을 실습생으로 받았을 때 이들의 행동에 주목했다. 반복적인 단순 작업에 집중력이 있다는 사실을 발견하고 맛있는 커피를 만들기 위한 여러 공정 중 하나인 커피 원두의 핸드픽 작업에 투입했다. 커피의 결점두를 골라내는 핸드픽은 생두와 로스팅된 원두를 가지고 두 차례 작업해야 한다. 일일이 사람의 눈과 손으로 해야 하므로 대량생산에는 적합하지 않다. 커피지아는 개인 카페나 소형 커피 원두 판매점에서나 가능했던 일을 도입한 것이다.

초기에는 교육에 어려움이 있었지만 해외기업인 구글, SAP 등에서 코딩 오류검사를 위해 발달장애인을 고용했다는 이야기를 듣고 사례조사를 했다. 발달장애인은 자신에게 맞는 일을 찾고 커피지아는 발달장애인의 재능을 활용하는 윈윈[Win-Win]모델인 '초능력콩감별사(초콩사)'를 만들어냈다.

7 핵심프로세스

맛있는 커피를 만들기 위한 커피지아의 5가지 원칙이 있다. 윤리적 소비, 철저한 위생, 고품질의 무결점 두픽, 최적의 로스팅, 매일매일 신선함이다. 커피지아는 식품의약품안전처로부터 위해요소중점관리기준[HACCP], 고용노동부로부터 사회적기업, 한국장애인고용공단으로부터 장애인표준사업장 인증을 받았다.

커피지아는 발달장애인이 이곳에 있어야 할 이유가 명확하고 이들을 통해 제품과 서비스의 품질 향상에 이바지하고 있다는 점에서 큰 의의가 있다. 지속성장을 위해서는 우리가 고용하는 취약계층에 대한 많은 관찰과 그들만이 가진 다름을 인정하고 특징을 살려내는 것이 중요하다.

알아두기

위해요소중점관리기준(HACCP)이란?

위해요소중점관리기준(Hazard Analysis and Critical Control Point; HACCP)은 최종제품을 검사해 안전성을 확보하는 개념이 아니라 식품의 생산, 유통, 소비 전 과정을 지속적으로 관리함으로써 제품이나 식품의 안전성을 확보하고 보증하는 예방차원의 개념이다. HACCP은 식중독을 예방하기 위한 감시활동으로, 식품의 안전성과 건전성, 품질을 확보하기 위한 계획적 관리 시스템이다.

10
사단법인 장애청년꿈을잡고

#장애인 #SDGs8 #B2C #일자리제공형 #소셜프랜차이즈
www.getajob.or.kr

1 소셜미션

장애청년꿈을잡고는 「장애인복지법」에 따른 발달장애인을 위한 안정적인 일자리 창출과 경제활동을 통해 장애인의 삶의 질 향상과 장애인 복지 증진을 위해 노력한다. 나를 찾아 꿈을 향해 날아가는 발달장애인 청년 바리스타의 아름다운 일터 '나는 카페'를 통해 사회적 가치를 실현하고 있다.

2 비즈니스 모델 : 고용모델

3 창업 스토리

2012년 경기도청과 2개 기관이 '꿈을 잡고^{Job Go} 프로젝트'를 시작하면서 147명의 발달장애 청년을 바리스타로 양성했다. 하지만 기술만 가지고 있는 발달장애 청년이 민간 카페에 적응하지 못하고 직장을 잃게 되었다. 이들에게 필요한 것은 기술이 아닌 일자리를 통한 사회성 개발이란 점을 절감해 2012년 말 안산시에 첫 번째 '나는 카페'를 열었고 5명의 발달장애 청년이 일을 시작했다. 현재 12개 매장에서 일하는 40여 명의 발달장애 청년은 '나는 카페'에서 일을 시작해 사회성을 기르며 자연스럽게 업무를 배웠다.

4 핵심가치

성인 중증장애인의 퇴행을 막고 이들이 지역사회에 성공적으로 정착할 수 있도록 경기도청과 2개 기관이 함께 '꿈을 잡고 프로젝트'를 진행해 발달장애 청년을 바리스타로 양성했다. 2개 기관 중 한 곳인 한국마사회의 후원이 끝난 뒤에도 핵심가치에 공감한 삼성전자와 사회복지공동모금회가 지원을 계속해 지속 가능성을 높이는 계기가 되었다.

5 수익모델

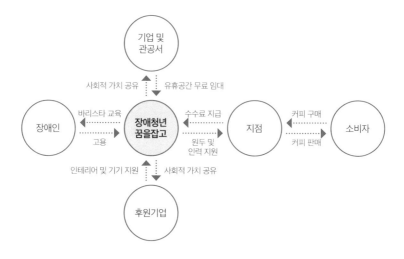

장애청년꿈을잡고는 2014년 이후 소셜 프랜차이즈[16]를 운영하면서 수익이 발생했다. 사실 처음부터 수익이 있었던 것은 아니다. 2012년 12월 처음 법인을 설립한 뒤 '나는 카페' 1호점 개점을 시작으로 본격적인 개점활동을 이어갔다. 당시에는 운영비를 전액 후원하던 기관이 있었기에 운영비에 대한 걱정 없이 신규지점이 들어설 수 있는 공간이 있다면 바로 입점하는 형식이었다. 그러나 2014년 후원사업이 종료됨에 따라 큰 위기를 맞았고 신규매장 개점과 발달장애 청년의 일자리 확대에만 집중하던 이전의 운영방식에서 '나는 카페' 사업을 소셜 프랜차이즈로 변화시키면서 점차 수익이 발생하기 시작했다. 고품질의 원두를 일반 공급가의 50% 가격으로 공급받고 모든 지점이 같은 메뉴를 판매하

---

16 공동의 사회적 가치를 창출하고 가맹 본부와 점주가 사업성과를 공정하게 배분해 함께 성장하고 상생하는 프랜차이즈다.

는 방식에서 지점별 특화 메뉴를 2~4개 개발해 선보임으로써 차
별성을 두었다.

6 핵심자원

'나는 카페'가 성공할 수 있었던 이유는 좋은 커피와 발달장애
인의 일자리를 통한 사회성 개발도 중요한 자원이었지만 핵심은
지점별 지점장을 맡은 바리스타였다. 지점마다 10년 이상 활동한
바리스타가 지점장을 맡으면서 발달장애인 바리스타 교육과 지
점별 네트워크 구축을 통해 끊임없는 협력과 개발기회를 만들어
낸 것이 주요했다. 10년 이상 경력의 바리스타를 모으는 일은 어
려웠지만 장애청년꿈을잡고의 핵심가치에 공감했기 때문에 가능
했다.

7 핵심 프로세스

소셜 프랜차이즈를 구축하면서 일반화와 차별화를 완성했다.
소셜 프랜차이즈는 기존 프랜차이즈와 다르게 소셜 임팩트[17]를
복제해 확산시키는 방법이다. 성공모델을 기반으로 가치는 공유
하면서 원가는 낮추고 수익을 극대화해 기업의 지속 가능성을 높
이는 사회적경제의 최신 추세이기도 하다.

---

17 국가든 기업이든 개인이든 그들의 행위가 사회에 미치는 긍정적인 영향으로, '브랜드
   평판(사회적 평판)'이라고도 한다.

소셜 프랜차이즈의 성공요인

1. 건전한 프로젝트 콘셉트

어떤 프로젝트를 복제해 실행했을 때는 실제로 기대했던 결과물이 나와야 한다. 그러기 위해서는 먼저 원형(prototype)이라는 것이 검증되어야 하고 복제 이전에 프랜차이저가 책임을 지고 발전시켜야 한다. 나아가 프로젝트는 어느 정도의 표준화 과정을 수용할 수 있어야 한다. 모든 콘셉트 전체를 표준화할 필요는 없지만 주된 목적을 달성하기 위한 필수요소(key components)는 반드시 표준화시키고 프로젝트를 성공으로 이끄는 요인을 정확히 이해해야 한다.

2. 충분한 역량

의미 있는 콘셉트가 존재해도 이를 확산시키기 위해 소셜 프랜차이저(중앙단위)는 조직역량을 충분히 갖추어야 한다. 중앙단위는 프랜차이지(개별단위)에 대한 모니터, 조정, 훈련, 슈퍼바이저 역할을 해야 하며 모든 과정, 물류, 재정 등에 대한 책임을 져야 한다. 나아가 프랜차이저는 충분한 재정충당 능력과 함께 초기비용과 시스템 운영에 필요한 비용을 지원해줄 기부자를 확보해야 한다. 그러나 하나의 소셜 프랜차이즈 시스템에 수반되는 시간과 비용에 대해 과소평가하는 경우가 적지 않은 것이 현실이다.

3. 충분한 시장 잠재력

소셜 프랜차이즈가 활성화되려면 프로젝트를 통해 서비스하지 않으면 안 되는 분명한 사회적 욕구가 반드시 존재해야 한다. 다르게 표현하면 기존 서비스가 부족하다거나 아예 존재하지 않는 영역이 바로 소셜 프랜차이즈가 개입해 서비스를 제공해야 하는 영역이다. 예를 들어 민간이나 공적 서비스의 공급량이 부족하거나 서비스 품질이 매우 떨어지는 등 욕구는 있으나 충족되지 않는 서비스 영역이 있어야 소셜 프랜차이즈가 개입했을 때 효과를 발휘할 수 있다. 더불어 앞으로 프랜차이지로 참여할 사람이 충분해야 한다. 프랜차이지의 참여는 결국 규모의 이점을 실현하게 해주며 동시에 프랜차이즈 시스템 자체의 발전을 정당화시켜주기 때문이다.

11

주식회사 테스트웍스

#경력단절여성 #SDGs4 #SDGs8 #B2B #혼합형 #SW테스팅
www.testworks.co.kr

1 소셜미션

테스트웍스TEST WORKS는 소프트웨어 검증과정테스팅을 통해 사회
적 취약계층의 실업문제를 해결하자는 미션으로 소프트웨어 테
스팅 분야의 일자리를 창출하고 전문성을 갈고닦을 수 있는 교육
서비스를 지원한다.

2 비즈니스 모델 : 고용모델

3 창업 스토리

테스트웍스 윤석원 대표는 미국 코넬대학교에서 석사학위를 취
득한 뒤 삼성전자와 마이크로소프트에서 근무하며 소프트웨어 테

스팅 분야에서 20년 동안 경력을 쌓았다. 마이크로소프트 근무시절 소프트웨어 테스팅 지식이 없는 북한이탈주민을 인턴으로 고용해 소프트웨어 전문 테스트 엔지니어로 성장시켰다. 이후 그 청년은 북한이탈주민 최초의 LG전자 소프트웨어 전문 테스터가 되었다. 이 사례를 통해 사회적 취약계층도 소프트웨어 테스팅 분야에 가능성이 있다고 보고 스프트웨어 테스팅 사회적기업인 에스이앤티의 사외이사로 참여하면서 본격적인 사회적경제 영역에 진입했다. 이후 테스트웍스를 설립해 취약계층에게 소프트웨어 테스팅 지식을 전수, 관련한 국제 자격증인 ISTQB[18]를 취득하게 함으로써 점차 소프트웨어 테스팅 아웃소싱 회사로 성장했다.

4 핵심가치

소프트웨어 테스터의 기본 요건은 전문성이다. 전문지식을 기반으로 테스팅을 실시하기 때문에 대표적 자격증인 ISTQB가 필요하다. 삼성전자 근무시절부터 은평여성인력개발센터에서 경력단절여성을 대상으로 소프트웨어 테스터 과정을 운영하며 약 2개월 동안 하루 4시간씩 총 200시간을 교육해 ISTQB에 70% 이상 합격시켰다. 참고로 ISTQB의 평균 합격률은 50% 미만이다. 테스트웍스는 경력단절여성, 발달장애인, 북한이탈주민 등 다양한 취약계층을 대상으로 소프트웨어 테스터로서의 전문성을 부

---

18 비영리 국제 소프트웨어 테스팅 전문가 네트워크인 '국제소프트웨어테스팅자격위원회 (International Software Testing Qualification Board; ISTQB)'에서 주관하고 발급하는 국제 자격증이다.

여하고 이를 필요로 하는 기업에 공급해 사회적 취약계층의 일자리 창출에 기여하고 있다.

5 수익모델

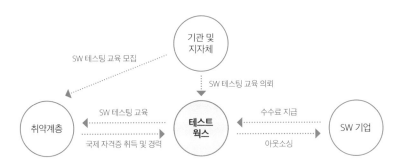

테스트웍스는 소프트웨어 테스터를 공급해 수익을 창출한다. 국내에서는 생소할 수 있지만 해외에서는 잘 알려진 직업군 중 하나다. 소프트웨어의 품질을 확보하기 위해 개발자가 아닌 제3자가 개발 이후나 중간에 검증을 해주는 직업이다. 최근 소프트웨어 개발이 활발해짐에 따라 주목받고 있으며 과거에는 개발 마지막 단계에 테스터가 투입되었다면 최근에는 조기에 품질을 확보하기 위해 초기단계에서도 테스터의 역할이 필요하면서 수요는 더욱 느는 추세다. 테스터 관련 국내 시장규모는 1조 원 수준인 것으로 추산된다. 경력을 쌓으면 아웃소싱 공급으로 끝나지 않고 컨설팅과 연구개발 직무로 투입되거나 취약계층을 교육하는 강사로도 활동한다. 이처럼 취약계층과 선순환 구조로 사업의 운영을 지속하고 있다.

6 핵심자원

테스트웍스는 윤석원 대표의 맨파워가 가장 돋보인다. 화려한 경력뿐만 아니라 소프트웨어 품질 관리와 테스팅 분야의 전문성, ALC 테스트[19] 자동화와 품질 관리에 대한 노하우를 바탕으로 여성인력개발센터 등에서 강좌를 진행해 우수한 인력을 발굴하는 매개체 역할을 수행 중이다.

7 핵심프로세스

테스트웍스는 기본적으로 소프트웨어 테스팅 교육과정을 통해 인재를 육성한다. 교육기관 연계형 과정은 취약계층의 전문성 향상에 큰 도움이 되고 있다. 또한 ISTQB 취득으로 전문성을 인정받고 소프트웨어 기업에 필요한 인재를 공급한다. 연구개발과 강사로서의 경력을 확대하는 방안도 모색해 지속 가능한 일자리도 꾸준히 창출하고 있다.

취약계층별 로드맵을 설정해 운영하는 점도 이색적이다. 경력단절여성, 발달장애인, 북한이탈주민 등 각각의 모듈로 운영함으로써 각 취약계층의 장점을 살려 맞춤화한다는 점에서 성장 가능성이 크다.

---

19 Application License Checker, 어플리케이션 라이선스를 확인하고 엑세스를 점검하는 테스트다.

12

주식회사 맘이랜서

#경력단절여성 #SDGs4 #SDGs8 #B2G #기타형 #SW코딩
www.momjobgo.com

1 소셜미션

맘이랜서는 경력단절 공백으로 경제활동 진입에 어려움을 겪는 여성의 일과 가정의 양립욕구에 부응하기 위해 "일과 삶이 즐거운 맘잡고 라이프"라는 슬로건 아래 '맘잡고' 플랫폼을 운영한다.

2 비즈니스 모델 : 고용모델

3 창업 스토리

맘이랜서 김현숙 대표는 AhnLab의 설립 구성원이다. 20년이 넘는 기간 동안 IT 전문가로 조직과 함께 성장하면서 사업 개발과 제품 기획, 마케팅, 인터넷 총괄 등 현장의 사업 책임자 역할을 수행했다. 이후 4년간 중국법인 대표를 역임한 뒤 동그라미재단 사무국장으로 비영리 섹터에 첫발을 내디뎠다. 일주일에 80~90시간을 일에 매달리며 아이들에게 소홀해지는 자신의 모습을 발견하고 좋은 엄마가 되고자 회사를 그만두고 아이들과 함께하는 시간을 늘리기 시작했다. 그러면서 학교의 현실이나 사교육에 관심을 두게 되었고 자연스레 워킹맘의 일자리 창출에 대한 관심으로 이어져 맘이랜서를 창업했다.

4 핵심가치

'맘잡고' 매칭협력 O2O^{Online to Offline} 플랫폼은 경력단절여성에게 교육 제공을 넘어 창업, 창직, 취업연계를 통해 경력 개발과 경제활동을 지속할 수 있도록 한다. 단순한 교육만 실행하는 다른 업체와 달리 '교육-네트워크-매칭'으로 이루어진 토털 솔루션을 만들어나가고 있다. 경력단절여성의 특징인 업무시간을 최소화하고 온라인을 통해 정보 습득까지 한 번에 할 수 있는 장점이 있기 때문에 주요 타깃인 경력단절여성이 쉽게 접근하고 활용할 수 있다. 그리고 이런 장점을 살려 민간자격증제도를 적극 활용한다. 의무 기술교육 시간을 이수하면 시험을 치를 수 있게 하고 일정 점수 이상을 받으면 자격증을 부여해 현장실습을 통해 실제 교육 방법을 습득하는 방식이다. 더불어 학습모임을 만들어 다양한 현장 강사의 피드백과 교수법을 공유함으로써 강의의 질을 높이고 있다.

5 수익모델

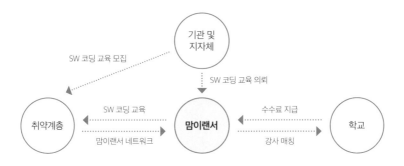

맘이랜서는 소프트웨어 코딩 강사와 자격증 배포를 통해 수익을 창출하고 있다. 특히 지금까지 경력단절여성을 대상으로 한 소프트웨어 교육 전문가 과정인 '맘이랜서'를 통해 1,500명 이상의 전문가를 배출하면서 코딩 강사 전문 교육기관으로 성장하고 있으며 다양한 자격증을 배포한다.

전문성을 바탕으로 AhnLab, SK C&C, 한국정보화진흥원, 50+재단, 스타트업캠퍼스, 창조경제혁신센터, 여성새일센터 등과 함께 소프트웨어 코딩 강사 양성과정을 제휴·협력해 운영하고 있다.

6 핵심자원

2018년부터 중·고등학교에서 소프트웨어 교육이 의무화되면서 코딩 교육 강사의 수요가 늘어날 전망이나. 이미 맘이랜서는 이런 시대의 흐름을 읽고 미리 준비한 기업이다. 현재 1,500여 명의 강사 풀을 보유해 소프트웨어 코딩 교육 분야의 선두기업으로 우뚝 서 있다.

맘이랜서 스쿨에는 스크래치 코딩, 앱인벤터 코딩, 파이썬 코딩, 아두이노 코딩 등의 기본 교육과정과 심화과정, 융합과정 등이 다양하게 개설되어 있다. 원하는 교육과정을 선택해 36시간의 교육과정을 이수하면 자격증을 취득할 수 있으며 경력단절여성에게는 수업료의 50%를 할인해준다.

7 핵심프로세스

핵심프로세스는 '맘이랜서 스쿨^{마중물 교육} → 맘이랜서 네트워크^{공동체} → 지역사회 혁신교육' 과정이다. 맘이랜서 스쿨에서는 기관과 협력해 고품질 교육을 제공하고 자격증 연계 등으로 기본소양과 전문지식을 습득할 계기를 마련한다. 맘이랜서 네트워크에서는 교육 이수자를 대상으로 교육 서비스 전문가 공동체 모임을 주선해 보조강사, 주강사, 소셜 프랜차이즈 창업 지원 등으로 확대한다. 마지막은 지역사회 혁신교육 거버넌스로, 교육 수요자^{학교, 진로체험지원센터, 학원, 교육기업 등}와 교육 제공자^{맘이랜서 네트워크}간 온라인 교육 직거래 경로를 구축해 경력단절여성에게 지속 가능한 일자리를 제공한다.

주식회사 맛들식품

#여성가장 #SDGs1 #SDGs8 #B2C #일자리제공형 #즉석조리식품
www.matdl.co.kr

1 소셜미션

맛들식품은 취약계층여성 가장의 일자리를 창출해 탈수급, 사회·경제적 자립과 자활을 지원하며 안전한 먹거리를 생산해 공장제조식품에 대한 사회적 불신을 개선한다. 사회적 취약계층의 일자리를 지역사회가 돌보고 지역사회에 안전한 먹거리를 공급하는 선순환을 통해 협동과 호혜의 사회적경제를 만들어가고자 한다. 장기적으로는 민주적으로 운영되는 직원 협동조합형 사회적기업을 목표로 해 직원이 주인인 기업으로 자리매김하고자 한다.

2 비즈니스 모델 : 고용모델

3 창업 스토리

구리시 농수산물 도매시장 내 위치한 맛들식품은 2005년 자활기업으로 출발해 2011년 사회적기업으로 인증받았다. 경영능력과 자본력이 부족해 사회적기업 지원에 의존하다 2013년 1차 부도를 맞았고 그 여파로 당시 대표이사가 사임했다. 자활센터, 지역사회, 시민단체 등이 모여 경영 정상화를 위해 노력했으나 개선되지 않아 2015년 이후 지금의 이정희 대표가 직접 기업회생을 지원했다.

이정희 대표는 구조 개편으로 악화된 재무구조를 개선하고 경영전략을 새로이 해 제품 경쟁력을 높임으로써 경영 정상화를 위해 노력했다. 이런 노력의 결실로 매출도 점차 상승하고 제품이 생활협동조합[20]에서 호평을 받아 30여 개 매장에 납품 중이다. 2019년에는 위생설비와 장비도 보강해 이를 기반으로 위해요소중점관리기준[HACCP] 인증도 받아 매출 성장의 토대를 구축했다.

4 핵심가치

맛들식품의 핵심가치는 향신료, 감미료, 화학첨가제를 사용하지 않고 천연 원재료를 사용해 식품제조업체에서 만든 반조리 식품은 믿을 수 없다는 소비자 인식을 바꿔나가는 것이다. 생산과 소비, 사회를 건강하게 만들자는 신조로, 안전한 먹거리를 만들고 일자리를 나누고자 한다.

---

20 '소비자생활협동조합'의 약칭으로, 일반적인 식품, 공산품, 서비스 등을 서로 나누는 형태의 협동조합이다. 대표적인 생활협동조합으로는 한살림, icoop 생협, 두레생협 등이 있다.

5 수익모델

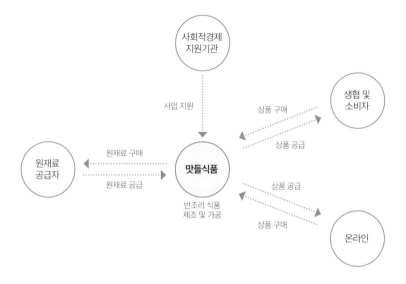

맛들식품의 수익모델은 원재료를 구매해 갈비탕, 육개장, 사골곰탕, 뚝배기 불고기 등의 반조리 식품을 생산하고 이를 생활협동조합 등의 주요 매장에서 판매해 수익을 창출하는 것이다. 따라서 저렴하고 품질 좋은 재료 구매, 철저한 위생 관리로 안전하고 맛있는 제품 생산, 홍보와 마케팅을 통한 소비자의 구매가 이루어져야 한다.

경기도 따복공동체지원센터^{현 경기도사회적경제센터}의 판로지원사업에 힘입어 두레생협에서의 오프라인과 온라인 매출이 조금씩 증가하고 있고 홈쇼핑에서 반응도 긍정적이어서 경영 개선과 더불어 고용 증가도 기대된다.

맛들식품은 국내 최대 소비재 박람회인 '메가쇼 2018 시즌 2'에서 뼈해장국과 갈비탕을 비롯한 각종 즉석탕으로 'BEST of 메가쇼 2018 시즌 2'에 선정되기도 했다.

6 핵심자원

자활기업으로 시작해 사회적기업이 된 맛들식품의 핵심자원은 신체적, 경제적으로 취약한 직원이 장기 근속할 수 있는 여건을 갖추는 것이다. 직장생활이 익숙하지 않고 개인사정으로 인한 결근이 빈번해 업무수행이 지속되지 못한 경우도 많아 항상 보충인력을 준비해야 하므로 직원을 보듬으며 사업을 슬기롭게 영위해야 할 것이다.

7 핵심프로세스

몸에 이로운 건강한 먹거리를 생산하는 사회적기업 맛들식품은 화학첨가제가 들어가지 않은 건강식으로서의 갈비탕, 육개장 등의 즉석탕을 만들기 위해 '원재료 처리 → 육수 생산 → 원재료 배합 → 충진과 밀봉 → 급속 냉각 → 출하'로 이루어지는 원칙에 입각한 생산공정을 거친다. 신뢰할 수 있는 먹거리 생산으로 소비자가 믿고 선택하는 제품이 되도록 노력하고 이를 바탕으로 소비자와 함께 성장하는 기업으로 자리매김하고 있다.

14

주식회사 글로브

#북한이탈주민 #SDGs8 #B2C #일자리제공형 #해바라기씨유
glov.co.kr

1 소셜미션

통일부를 비롯한 정부기관들은 성공적으로 정착하고자 하는 북한이탈주민의 사회적응을 돕고 창업 뒤 안정적으로 안착하도록 지원한다. 글로브^{GLOV}는 이런 북한이탈주민의 정착기간 동안 일자리를 제공하고 지역에 정착할 수 있도록 도움을 준다. 또한 북한이탈주민을 관리자로 육성해 전국 거점지역의 대리점에도 배치하여 기업과 함께 성장해나가고 있다. 북한이탈주민은 글로브에서 진행하는 시스템에 기초해 신규 아이템을 개발하고 기업 성장에 맞추어 안착의 기회를 얻는다.

2 비즈니스 모델 : 고용모델

3 창업 스토리

글로브는 북한 출신의 정남 대표가 설립했다. 정남 대표는 북한이탈주민이 우리나라 직장생활에 제대로 적응하지 못하고 시장경제 시스템에 대한 올바른 인식 없이 준비되지 않은 상태에서 사업을 시작해 실패하는 사례를 많이 보았다. 이런 실패사례를 줄이고자 사업 준비와 운영과정 습득으로 시장경제에 성공적으로 정착할 수 있도록 돕는 인큐베이터 역할을 하고자 했다.

정남 대표는 북한에서 평양철도대학 전기공학과를 다녔고 우리나라에서는 연세대학교에서 법학과 신문방송학을 이수해 총 3개 학문을 복수 전공했다. 최초의 북한이탈주민 출신 국회의원인 조명철 의원실에서는 보좌관도 했다. 우수한 제품의 판매수익을 지역사회와 북한이탈주민 정착 지원에 투자하는 방식으로, 더불어 살아가는 사회에 맞는 기업으로 자리매김하고자 노력하고 있다.

4 핵심가치

글로브는 2014년부터 세계 3대 해바라기씨 재배 국가이자 최대 생산국인 우크라이나에서 유전자 비변형Non GMO 해바라기씨를 수입해 저온에서 압착하고 정제해 고품질 해바라기씨유를 만들어 국내에서 가공, 유통한다. 소비자에게 최상의 해바리씨유를 제공하고자 생산과 보관 과정 등에서 품질 관리를 철저히 하고 해바리기씨유가 가진 최상의 맛을 내기 위해 좋은 원재료를 확보해 변질되지 않도록 하는 시스템 구축이 핵심가치라고 할 수 있다.

5 수익모델

우크라이나 →(해바라기씨 수입)→ 글로브 (제조 및 가공) →(해바라기씨유 판매)→ 온·오프라인

수익의 가장 큰 비중은 우크라이나에서 수입한 해바라기씨를 가공해 만든 해바라기씨유를 판매하는 것에서 발생한다. 대기업과의 가격 경쟁은 다소 불리하지만 건강하고 안전한 먹거리를 찾는 소비자 경향에 따라 건강 식용유로서 글로브 제품을 선택하는 사람이 증가하고 있다. 이에 따라 매출 역시 꾸준히 증가하는 추세다. 이와는 별개로 수익 다변화를 위해 우크라이나와 일본 사이의 초콜릿 중개무역을 통한 매출 증대도 꾀하고 있다.

6 핵심자원

글로브 해바라기씨유 연 매출의 약 60%를 차지하는 한 기업은 수도권 동남부 지역의 학교급식을 담당하고 있어 이 기업에 대한 영업 관리가 대단히 중요하다. 주요 연관기관으로는 탈북청소년 교육기관, 탈북민지원단체, 대한적십자사 등이 있으며 외식업 프랜차이즈 업체는 향후 꾸준한 납품을 위해 핵심자원으로 확보해야 할 기업이다.

7 핵심프로세스

원재료 구매과정의 핵심프로세스는 좋은 해바라기씨를 수입해 국내에 원활히 공급하는 것이며 제조와 가공 과정에서는 품질 좋은 해바라기씨유가 변질되지 않게끔 관리기준에 따른 생산이 유지되도록 관리감독을 강화하는 것이다.

15

주식회사 두손컴퍼니

#노숙인 #SDGs8 #B2B #일자리제공형 #풀필먼트서비스
dohands.com

1 소셜미션

두손컴퍼니의 소셜미션은 일자리를 통한 빈곤 퇴치다. 기업명에서도 볼 수 있듯이 두 손을 이용한 일자리 마련을 시도하고 있다. "사람이 곧 회사다"라는 신념 아래 두 손으로 하는 일의 가치를 존엄히 여기며 그 이윤은 행복을 위하는 도구로 사용된다. 근로자를 두손컴퍼니의 최상위 가치로 두어 그들을 '핸디맨'이라고 부른다.

2. 비즈니스 모델 : 서비스이용료모델

3 창업 스토리

2011년 박찬재 대표는 서울역 광장의 노숙인 퇴거기사를 보고 직접 현장을 방문해 노숙인과 이야기를 나누며 그들의 새로운 모습을 발견한다. 다시 일어설 기회가 없어 노숙생활을 하는 이들을 위해 종이 옷걸이를 만들어 판매하는 B2B 비즈니스 모델로 사업을 시작했다.

옷걸이 제조는 노숙인, 신용불량자 등 누구나 쉽게 할 수 있는 단순한 공정이었고 이후 해치컵 홀더, 리사이클 홀더 등의 제품도 추가했지만 제조업은 기업고객의 주문에 의존하는 사업이므로 불규칙한 고용을 인지하고 지속 가능한 일자리를 창출하는 데 집중했다. 그래서 제조업에서 서비스업으로 피봇해 고령자 지하철 택배를 시작했으나 취약계층 어르신이 길을 찾는 데 어려움을 느끼고 소비자 불만도 증가함에 따라 또 다른 도전을 시작했다. 바로 주변 소셜벤처와 연계해 물류 서비스의 가능성을 보고 마리몬드 기업의 물류대행을 시작으로 본격적인 물류 서비스를 시작했다. 현재는 10여 개 고객사의 1,000여 종 품목을 입고에서 출고까지 모든 물류 프로세스를 대행하고 있다.

4 핵심가치

두손컴퍼니의 핵심가치는 취약계층의 지속적인 고용이다. 두손컴퍼니는 서울시 노숙인협회, 성동구 복지기관과 MOU를 체결해 저소득층, 노숙인, 신용불량자 등을 고용한다. 고용한 인력을 '핸디맨'이라 칭하며 '핸디맨 핑크컴퓨터활용능력 보유 인력'와 '핸디맨 블루

'컴퓨터활용능력 미보유 인력'로 나누고 그들에게 대표이사와 상응하는 임금을 지급함으로써 스스로 자립할 수 있는 계기를 마련해준다. 이런 사회적 가치를 지속적으로 추구하기 위해 물류센터를 직접 구축하고 운영해 핸디맨 커뮤니티를 형성하고 고용 창출이 활발하게 이루어지는 물류업체를 만들어가고 있다.

5 수익모델

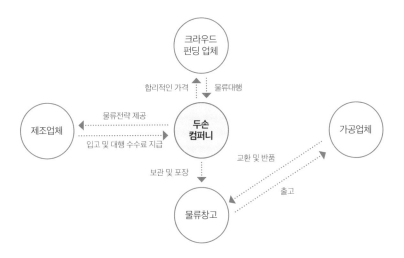

두손컴퍼니는 2개의 브랜드를 가지고 있다. 첫 번째는 '품고'라는 E-커머스 전문 풀필먼트 서비스[21]다. 고객사의 제품을 입고해 보관해주는 것을 넘어 재고 관리, 배송, 포장, 조립 등 중간 부가가

---

21 제품의 검수, 포장, 배송, 교환 등 일련의 과정을 수행하는 통합 물류 시스템이다.

치를 창출할 수 있는 요소를 결합해 WMS[22]를 시행하고 있다. 두 번째는 '두윙'이라는 크라우드펀딩 전문 배송 서비스다. 기업이 아닌 개인^{창작자}의 크라우드펀딩 사례가 늘어남에 따라 리워드를 수령받아 포장해 배송부터 교환, 반품까지 처리하는 서비스다. 제조업으로 시작했으나 현재는 물류대행 서비스가 총 매출의 90% 이상을 차지하며 연 매출도 20억 원 이상으로 성장했다.

6 핵심자원

물류에서 가장 중요한 것은 무엇일까? 빠른 배송속도와 피드백은 지금의 물류 서비스에서도 충분히 가능하므로 두손컴퍼니는 제조업 경험을 바탕으로 포장에 집중했다. 다양한 제품을 취급하기 때문에 제품에 따라 각기 다른 포장과 검수 방식을 고집한다. 더불어 IT 시스템을 통해 물류전략을 구축해 공급망 관리 대행에 가까운 서비스를 제공함으로써 보관과 배송만 처리하는 것이 아닌 고객사의 생산과 양산 일정 등 실시간 수요와 공급 변동에 대응해 주기적인 관리도 함께한다. 이런 고객감동과 IT 시스템으로 와디즈, 텀블벅, 유캔스타트 등 크라우드펀딩 업체와 MOU를 체결하고 네이버 해피빈, 카카오스토리 펀딩의 물류대행 서비스도 담당하고 있다.

---

22 Warehouse Management System, 물류센터에서 발생하는 입하, 저치, 보관, 재고 할당, 패킹, 출하 등의 업무를 관리하는 시스템이다.

7 핵심프로세스

두손컴퍼니는 택배물류산업에 참여하고 있으며 특히 E-커머스 제품과 크라우드펀딩 제품의 보관과 출고대행 서비스가 주력이다. 특히 크라우드펀딩 제품의 경우 기존 제품과 달리 아이디어를 기반으로 만들어지는 제품이므로 생산, CS, 물류 등 경로Value Chain에 대한 이해도가 부족한 경우가 많아 제조업 경험을 바탕으로 물류 컨설팅을 시행함으로써 경쟁력을 키우고 있다.

사업을 시작하고 많은 이들이 실패를 경험한다. 특히 피봇이 어려운 경우가 많은데, 과거의 경험은 새로운 모델에 적용될 수 있으며 엄청난 경쟁력을 가질 수도 있다.

16

사회적협동조합
구두만드는풍경

#장애인 #SDGs1 #SDGs12 #B2C #일자리제공형 #제조 #구두
agio.kr

1 소셜미션

아지오^AGIO는 구두만드는풍경의 대표적인 수제화 브랜드다. 아
지오의 소셜미션은 "아지오는 여러분의 것입니다. 아지오는 청각
장애인들의 꿈입니다. 아지오는 성공과 행복의 동반자입니다. 아
름다운 내일을 위해 다정히 손잡고 여러분과 함께 걷고 싶습니
다"다.

2 비즈니스 모델 : 고용모델

3 창업 스토리

구두만드는풍경의 유영석 대표는 1급 시각장애인으로, 장애인

일자리 문제에 대해 항상 고민했다. 파주시 장애인종합복지관장으로 재직하던 2010년 구두만드는풍경을 설립해 청각장애인이 스스로 일할 수 있는 비즈니스를 찾았고 '아지오'라는 브랜드의 수제화를 제작해 판매했다.

수제화 제작은 80~90년대 청각장애인이 많이 종사했던 업종으로, 유영석 대표는 재능과 능력에 비해 일자리를 구하기 어려운 청각장애인 문제를 자연스럽게 해결하고 기계에만 의존하는 것에서 벗어나 손으로 품질 좋은 구두를 만든다면 승산이 있다고 판단했다. 하지만 생각처럼 사업은 쉽지 않았다. 'AGIO이탈리아어로 '편안한', '안락한'이라는 뜻'의 뜻처럼 편안함을 강조하고 장애인이 생산하는 고품격 수제화라는 이미지로 많은 국회의원이 구매했지만 2013년 8월 경영 악화로 폐업했다. 그러나 2016년 광주민화운동 기념식 때 문재인 대통령의 낡은 구두밑창 사진이 언론에 보도된 뒤 2016년 5월 청화대로부터 문재인 대통령의 구두를 다시 제작할 수 있겠냐는 제의를 받았다. 이는 재창업을 준비할 수 있는 기반이 되었고 2017년에는 유시민 작가 등 여러 유명인사의 권유로 아지오 시즌 2를 준비해 현재까지 맞춤형 수제화 제작업체로 성장 중이다.

4 핵심가치

18명의 청각장애인과 지체장애인이 현재의 구두만드는풍경을 존재하게 했으며 장애인에 대한 편견을 없애고 약점을 강점으로 내세운 좋은 사례다. 장애인은 근로의지가 매우 강해 업무의 몰입도가 높고 장기근속 가능성이 높다는 장점을 활용해 생산력을 높이고 품질 좋은 우수한 수제화를 꾸준히 만들고 있다.

5 수익모델

아지오 브랜드 이름으로 남성화와 여성화를 제작해 판매하며 가격은 20만 원대다. 특히 수제화라는 특징을 살려 발등이 높거나 발볼이 넓어 평소 기성화가 불편했던 사람, 발이 너무 크거나 작아서 맞는 사이즈의 신발을 찾기 어려웠던 사람, 수제화를 신고 싶지만 시간과 거리 문제로 발 치수 측정이 어려웠던 사람, 정확하게 발 치수를 측정해 내 발에 꼭 맞는 맞춤형 수제화를 찾는 사람을 위해 출장 서비스를 비롯해 맞춤 서비스를 제공하고 있다. 온·오프라인 쇼핑몰과 더불어 홈쇼핑에서도 제품을 판매해 수익화하고 있다.

6 핵심자원

장애인 처우에 관심이 많은 인플루언서가 핵심자원이라 할 수 있다. 청각장애인을 비롯한 장애인 고용이라는 사회적 가치에 공감하고 지지해준 지지자들이다. 대표적으로 유시민 작가, 서유석 가수, 배한성 성우, 김세민 배우를 시작으로 유희열 가수, 김보성 배우, 김현정 앵커, 변상욱 기자뿐만 아니라 최근에는 가수 이효리와 이상순도 모델로 자청해 홍보하고 있다. 선한 영향력을 바탕으로 유명인사의 마음을 움직이고 일반인의 마음도 움직이고 있다.

7 핵심프로세스

아지오의 구두는 주문이 들어오면 제작하는 수제화다. 사람마다 발의 모양이나 사이즈, 특성이 다르므로 똑같은 모양은 있어도 똑같은 사이즈의 구두는 나올 수 없다. 그래서 아지오는 기성화를 신을 수 없을 정도로 발 모양이 독특한 구매자가 많이 이용한다. 이처럼 고객의 만족도가 수제화에서 나타나는 것을 보고 남이 포기한 것, 남의 것을 뺏어서 하는 것이 아니라 버려진 것을 다시 재생시킨다는 차원에서 의미가 있으며 구두가 가지는 속 뜻을 발견하는 계기가 되었다.

17

빅이슈코리아

#노숙인 #SDGs1 #SDGs11 #B2C #일자리제공형 #매거진
bigissue.kr

1 소셜미션

빅이슈^{THE BIG ISSUE}의 슬로건은 "Helping people help themselves"
다. 소셜미션은 자조, 사회적 거래, 비즈니스 솔루션 등을 통해 기
회를 창출함으로써 빈곤을 해체하는 것이다. 스스로 자립하고자
하는 노숙인에게 일거리를 제공하고 지역사회에는 노숙인에 대
한 인간적인 경험의 기회를 제공해 더 나은 사회를 만들어간다.

2 비즈니스 모델 : 고용모델

3 창업 스토리

빅이슈는 영국의 존 버드^{John Bird}와 고든 로딕^{Gordon Roddick}이 창

간한 격주로 발행되는 매거진이다. 영국 런던거리에 주거가 취약한 노숙인 수가 증가함에 따라 이들에게 매거진 판매를 통해 합리적인 수입을 올릴 기회를 제공하고자 1991년 창업했다. 영국에서는 현재 약 2,000명의 노숙인 판매원이 활동 중이며 주당 약 82,000권이 판매된다. 영국에서 이 빅이슈 판매원이 주당 평균 100파운드의 수입을 얻는 성과에 힘입어 우리나라뿐만 아니라 일본, 호주 등 10여 개국에서 발행하게 되었고 빅이슈코리아는 아시아에서 세 번째로 창간되어 2010년 7월호부터 격주로 발행되고 있다.

4 핵심가치

빅이슈 매거진의 우리나라 독자층 중 76%는 여성이며 연령별로는 20대가 63%, 30대가 32%로 압도적인 비중을 차지한다. 「20대 여성의 빅이슈 잡지 구매행위와 사회적 의미」라는 국내 논문이 나올 정도로 젊은 여성의 구매가 두드러진다. 이는 MZ 세대의 사회적 가치를 추구하는 착한 소비에 있다. 빅이슈는 노숙인에 대한 인식의 변화부터 그들에게 필요한 경제와 주거적 자립을 동시해 해결하고자 노력한다. 이는 한 명이 아닌 다수의 사람이 함께 만들어가고 소비함으로써 이루어진다.

5 수익모델

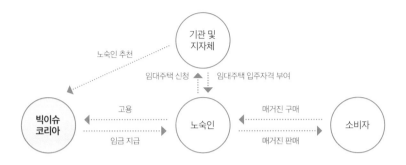

빅이슈 매거진은 빅이슈 판매원을 가리키는 일명 '빅판'을 통해 소비자에게 전달된다. 빅판은 노숙인이라면 누구나 신청이 가능하고 처음에는 빅이슈 매거진 10부와 판매교육을 무료로 받는다. 1부의 정가가 5,000원이므로 10부를 판매하면 50,000원의 수익이 생기고 그 수익으로 정가의 절반 가격으로 부수를 구매하는 과정이 반복된다. 즉, 판매금이 5,000원이므로 부수당 2,500원의 일정한 수익을 창출할 수 있다. 더불어 6개월 이상 성실하게 빅판역할을 수행하면 임대주택의 입주자격을 얻어 주거자립도 가능하다. 실제로 2020년에는 빅판으로 활동한 100여 명 이상이 자립하는 성과를 보였다.

6 핵심자원

빅이슈 매거진의 표지모델은 유명하다. 국내 연예인이나 유명인사뿐만 아니라 해외 유명인사까지 표지를 장식하곤 한다. 이는 빅이슈가 주는 선한 영향력 덕분이다. 유명인사의 자신을 표출하려는 욕구와 빅이슈가 해결하려는 빈곤문제를 비즈니스로 함께 풀어가고자 하는 목표 때문에 작가, 예술가, 정치인, 연예인, 스포츠 스타부터 캐릭터까지 표지모델로 등장하고 있다. 지금, 현재 가장 유명하고 영향력이 있는 인물이 모델이 되는 것으로 인식되어 무료로 진행되는 작업임에도 대기번호를 받아야 할 정도로 인기가 좋다. 이런 점은 빅이슈의 본질적인 사회적 가치에 영향을 주고 이를 통해 세상을 변화시키고 있다.

7 핵심프로세스

빅이슈코리아의 매거진 발행은 아주 특별하게 운영되고 있다. 매거진 발행의 전 과정이 재능 기부로 이루어진다. 즉, 각자의 재능을 기부해 하나의 매거진이라는 결과물로 맺어져 빅이슈를 만들고 있다. 기고, 일러스트, 디자인, 사진, 표지모델뿐만 아니라 빅이슈 판매 도우미인 '빅돔', 신간 홍보, 잡지 포장, 우편 발송 등 거의 대부분이다. 이는 빅판을 위한 하나의 과정이고 매거진이 판매될수록 사회적 가치는 증가한다.

18

주식회사 셰어하우스우주

#청년 #SDGs11 #B2C #기타형 #공유주택
www.woozoo.kr

1 소셜미션

셰어하우스우주^{WOOZOO}의 슬로건은 "Better Together, 너와 나의 우주"다. 2030 청년에 대한 이해에서 출발해 집을 구하는 상황과 조건에 맞춘 공간을 만든다. 함께하는 가치를 공유하고 남에게 의지하기보다 진취적으로 문제를 해결하며 다양한 사람들과 함께 성장하는 기업이다.

2 비즈니스 모델 : 서비스이용료모델

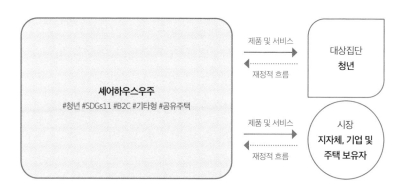

3 창업 스토리

셰어하우스우주의 김정현 대표는 '딜라이트보청기'의 창업주이기도 하다. 딜라이트보청기는 우리나라 보급형 보청기 시장의 개척자로, 더 많은 사람에게 보청기 보급이 가능하게 했고 월 2억원 이상의 매출을 내면서 2011년 대원제약에 40억 원에 매각되었다. 이후 가수 토니안과 연예기획사인 티엔네이션엔터테인먼트를 창업해 지분의 일부를 에이나인미디어에 매각, 음식 사업가인 장진우 쉐프와 한남동에 음식점을 창업하는 등 연쇄창업을 지속했다.

딜라이트보청기는 소셜벤처로 시작해 예비사회적기업까지 진출했지만 사회적기업 인증 전에 매각되었다. 김정현 대표는 한 인턴의 "월급을 받아도 월세 내면 남는 돈도 없어요"라는 말에 새로운 비즈니스를 구상했고 지금의 셰어하우스우주를 만들었다. '집다운 집'을 바라는 청년에게 한 번쯤 살아보고 싶은 집을 만들어주고자 노력하고 있다.

4 핵심가치

셰어하우스[23]의 여러 문제점이 대두되면서 셰어하우스우주의 '집다운 집'이라는 철학이 돋보이고 있다. 단순히 잠만 자는 공간을 떠나 공통의 관심사를 나눌 수 있는 공간이자 청년의 금전적 부담을 덜고자 보증금과 월세 이외의 부당한 입주 수수료를 요구

---

23 공용화된 공간에서 개인적인 공간이 별도로 분리되어 있는 주거형태다.

하지 않는다. 또한 지역과 상생하기 위해 다양한 콘셉트에 맞는 운영으로 입주율을 높이고 있다. 결과적으로 2021년 58개 하우스가 동행해 청년이 살고 싶은 집을 만들고 있다. 셰어하우스우주 1호점은 16:1의 경쟁률을 보였고 평균적으로는 10:1의 높은 경쟁률을 보이며 청년의 관심을 끌고 있다.

　하나의 통일된 인테리어가 아닌 셰어하우스마다 색다른 테마가 결국 소비자인 청년의 마음을 흔들었다. 잠을 자는 곳은 임대가 아닌 같이 사는 곳을 공유하는 것이라는 트렌드를 만들고 있다.

5 수익모델

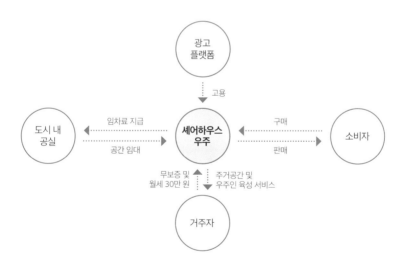

　셰어하우스는 일본에서 처음 생긴 주거형태다. 대도시가 발달하면서 좁은 공간에 많은 사람이 거주하자 수요와 공급의 법칙에 따라 자연스레 임대료가 비싸지는 악순환이 발생했다. 이런 문제를 해결하기 위해 같은 방에서 여러 명이 함께 사는 것이 셰어하우스의 원조다.

　기본적으로 셰어하우스는 보증금이 2개월분 월세이며 월세 역시 주변보다 저렴한 편이다. 수익모델은 예를 들어 100만 원에 1개의 방을 임차하고 거기에 6명[1인당 월세 30만 원]이 거주해 발생한 180만 원의 이익에서 임차료를 제외한 금액이 수익으로 산출된다. 물론 셰어하우스우주는 1개의 방을 임차하는 형태는 아니지만 규모의 경제 측면에서 많은 방과 셰어하우스를 보유하고 관리할수록 이익이 커진다.

6 핵심자원

　셰어하우스우주는 하나의 콘셉트 아래 셰어하우스를 만들고 운영하므로 입주민 인터뷰는 매우 중요한 요소다. 요리를 좋아하는 사람들에게 주방을 잘 꾸민 집을, 영화를 좋아하는 사람에게는 홈시어터 시스템을 갖춘 집을, 유학을 준비하는 사람에게는 유학파로 입주민을 구성한다. 공감대가 있는 사람이 모여 살며 살만한 집, 살고 싶은 집으로 탈바꿈하는 것이다.

　셰어하우스우주는 콘셉트만 도출되면 많은 청년이 입주신청을 할 정도로 가치와 만족도가 높은 브랜드다. 지금까지 5,000명 이상이 셰어하우스우주를 경험했으며 재계약률은 75%로 매우 높다.

7 핵심프로세스

셰어하우스우주는 '운영방식 설정 → 위치와 물건 선정 → 수익 분석 → 시공 → 입주민 모집 → 운영과 관리 → 폐점' 형식으로 운영된다. 운영방식은 직간접 매입이나 임대 형식이며 위치와 물건 선정은 교통, 수요와 공급, 임차인 타깃에 따라 결정된다. 이렇게 기본 가이드가 완성되면 수익을 분석한 뒤 물건 콘셉트에 맞추어 시공하고 입주민을 모집해 운영한다. 이외에도 대기업 사회공헌 연계모델, 지자체 연계모델, 프랜차이즈 모델로 셰어하우스를 확대하고 있다.

19

주식회사 백지장

#청년 #SDGs11 #B2C #기타형 #공유공간
baek.co

1 소셜미션

백지장은 많은 사람이 취향공동체에 참가하고 양질의 여가활동을 경험하도록 만드는 공간 공유기업으로, 공간 이용료를 상업공간 대비 50% 이하로 줄여 문화예술과 공동체 활동 등의 진입장벽을 낮추고자 한다. 노후공실을 재생해 모임 플랫폼과 연계 서비스를 제공하고 창작자의 재능 공유로 문화진흥을 촉진, 문화를 시민과 연결하는 미디어 채널 운영도 시도하고 있다.

2 비즈니스 모델 : 서비스이용료모델

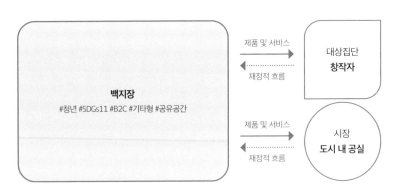

3 창업 스토리

김차근 대표가 '공간'에 관심을 두기 시작한 것은 2016년 사회적 가치를 위한 창업자 모임을 주재하면서다. 준비자금으로 임대 가능한 공간은 찾았지만 바로 사용할 여건이 되지 않아 직접 내부공사를 해야 했다. 아이디어는 여기에서 시작되었다. 서울 도심에 있는 많은 공실이 활용도가 낮은 점에서 착안해 노후공실을 사용 가능한 공간으로 만드는 사업을 계획했다.

김차근 대표는 소셜미션을 갖고 창업지원 프로그램을 찾다가 사회적기업가 육성사업에 지원했고 2017년 선정되어 사회적기업가의 길로 들어섰다. 그가 처음 찾은 공간은 대림역 주변의 지하창고다. 창업경진대회에서 발표하다 Q&A 시간에 말을 주고받게 된 관객을 연결고리로 문래동에 조명 작업실도 얻었다. 운영 공간이 1곳에서 금세 3곳이 되었고 이듬해에는 사회적기업가 육성사업 중 하나인 'We-Star 발굴 프로젝트'에도 연거푸 선정되어 3곳에서 5곳까지 공간이 늘었다. 2021년 운영 중인 공간은 신도림 고가옥탑, 대림 지하창고, 문래 조명공장 등 총 6곳이다.

4 핵심가치

백지장의 핵심가치는 도시에 비어 있는 노후공실을 재생해 공유공간으로 만드는 공유기업으로서의 가치다. 개인, 법인, 공공기관이 소유한 빈 건물이나 토지를 저가에 임차해 고부가가치 공간으로 개발함으로써 수익을 창출하고 공간 이용료를 시장가격의 3분의 1 정도로 낮추어 공간이 필요한 청년이나 창작자가 마음껏

활동할 수 있도록 한다.

2021년 기준 누적 이용자 18,000명 이상, 1,000회 이상의 활동이 실현되어 청년과 창작자는 저렴하게 문화적 욕구를 발산, 분출하고 이를 통해 시민은 가치 있는 경험과 공동체를 얻었다. 즉, 건전한 문화 생태계가 자리잡게 되었다.

5 수익모델

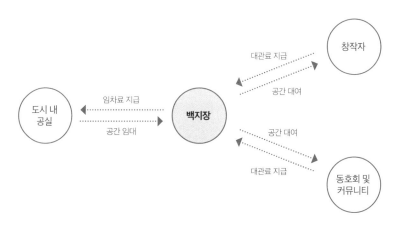

주된 수입은 대관료이며 30평 공간 대여 시 1일 기준 주말 25만 원, 주중 16만 원, 10~18평 공간 대여 시 1일 기준 주말 10만 원, 주중 6만 원이다. 연말, 연초, 방학 시즌에는 약 70%의 대관율을 보이고 연간 약 50% 이상의 대관율을 기록한다. 월 임차료 이외에 별다른 운영비용이 들지 않는 저비용 구조로, 가동률을 높이면 매출이 증가해 수익이 급증한다는 장점이 있다.

6 핵심자원

하얀 도화지에 다양한 형태의 그림이 그려지듯이 자유롭고 창의적인 공간을 만들어가는 것이 중요하다. 한 번만 이용하는 공간으로 끝나지 않고 그동안 모임을 주최했던 호스트 고객의 데이터베이스를 확보함으로써 서로서로 파트너가 되어 함께 성장하고 지속적인 협력과 융합활동을 계획하고 있다.

7 핵심프로세스

문화적 욕구의 분출공간을 찾는 청년이나 창작자에게 도시 내 교통이 편리하면서도 저렴한 공간이 존재한다는 사실을 알리는 방법이 핵심프로세스다. 이를 위해 행사팀을 중간지원조직에 연결해주고 이들에게 필요한 인프라를 연구해 공유공간, 모임공유 플랫폼 어플리케이션, SNS 채널 등을 개설해주면서 협업관계를 구축하고 있다.

20

주식회사 캐어유

#시니어 #SDGs4 #SDGs10 #B2C #기타형 #치매
careyou.org

1 소셜미션

캐어유^{CARE YOU}의 슬로건은 바로 "Care you"다. 직역하면 "당신을 돌보다"이지만 "당신에게 관심을 두다"라고 해석한다. 치매가 두려운 어르신을 위해 적절한 검사와 예방법을 제공하고 스마트폰 사용법을 알려주는 청소년을 육성해 이웃을 향한 따뜻한 관심을 만들고 있다.

2 비즈니스 모델 : 저소득층시장모델

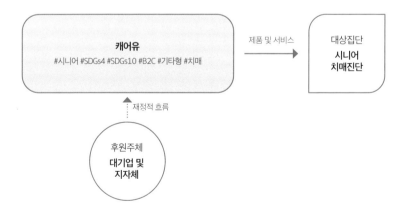

3 창업 스토리

신준영 대표는 미국의 데이터베이스 기업인 렉시스넥시스 출신으로, 2004년부터 2년간 미국에서 한국인 대상 요양원 프로그램을 운영하며 시니어 비즈니스와 인연을 맺었다. 이후 여러 기업에서 엔지니어로서의 경험을 쌓고 국내에 복귀해 한국게임과학고등학교에서 교사로 근무하며 학생들과 시니어용 게임을 개발하면서 자연스레 캐어유의 기틀을 마련했다.

미국 요양원에서는 노인의 질병치료뿐만 아니라 함께 생활하며 심적으로도 보살핀다는 점, 치매는 갑자기 발병하는 것이 아니라 경도의 인지장애를 거쳐 발전하는 병인 만큼 두뇌훈련으로 예방할 수 있다는 점을 깨닫고 캐어유를 통해 한 단계씩 실행하고 있다.

4 핵심가치

'시니어의 행복'이라는 가치 실현을 위해 시니어를 위한 콘텐츠 개발과 유통을 핵심 비즈니스로 삼고 IT를 통한 시니어의 삶의 질 향상을 추구하고 있다. 기존 돌봄사업은 오프라인 돌봄 서비스 위주여서 어플리케이션과 인터넷을 통한 진단부터 치료까지 하는 경우는 많지 않았다. 캐어유는 세계적으로 가장 널리 사용되는 인지기능 검사방법의 한국판인 MMSE-K, 뉴로사이언스^{신경과학} 기반의 치매검사와 치매예방 콘텐츠를 구현함으로써 벤처기업으로 인증받고 꾸준히 연구개발을 수행하고 있다.

5 수익모델

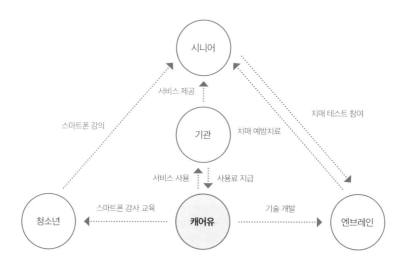

캐어유의 사업은 크게 3개 분야로 나누어진다. 첫 번째는 치매 진단용 정신건강 테스트의 배포다. 치매는 발견되면 파괴된 뇌세포를 회복할 수 없어 최대한 빨리 테스트를 받는 것이 중요하다. 스마트폰과 컴퓨터로 할 수 있는 정신건강 테스트를 통해 빠르고 쉽게 치매검사를 할 수 있다. 두 번째는 '엔브레인'이라는 인지능력향상 프로그램이다. 정신건강 테스트를 기반으로 자신의 부족한 부분을 향상시킬 수 있는 프로그램이다. 마지막은 청소년 스마트폰 강의다. 청소년에게 스마트폰 강의기회를 제공해 자기계발뿐만 아니라 청소년과 시니어가 함께 성장하는 계기가 된다.

6 핵심자원

청소년 스마트폰 강사는 군포시 노인복지관, 군포늘푸른노인

종합복지관, 안양시 노인종합복지관, 성남고령친화종합체험관 등에서 활동하고 있으며 경기도 내 31개 청소년상담복지센터를 대상으로 프로그램을 확대하고 있다. 스마트폰 강의로 시작했지만 치매예방을 위한 정신건강 테스트, 엔브레인 프로그램을 함께 교육하는 '스마트 에이징' 교육과정을 통해 경기도와 서울시 내 복지기관과 유관기관으로 확대하고 있다.

7 핵심프로세스

먼저 어르신에게 스마트폰 사용법을 교육한다. 어르신 대부분은 스마트 기기에 친숙하지 않기 때문에 청년과 청소년이 스마트폰 강사로 활동하며 기기 활용법을 숙지시킨다. 다음으로 어르신에게 치매 진단용 정신건강 테스트를 실행한다. 테스트 결과에 따른 자신의 상태에 따라 부족한 부분은 엔브레인을 통해 1단계부터 30단계까지 단계를 선택해 인지능력을 향상시키는 치료를 수행한다.

21

주식회사 바이맘

#제3국가 #SDGs7 #B2C #일자리제공형 #난방텐트
bymom.co.kr

1 소셜미션

바이맘^{BYMOM}의 슬로건은 "지구와 사람이 함께 건강한 공간"이다. 기후변화를 막고자 난방 텐트를 제작, 판매해 난방비와 전기비를 줄이고 수면 솔루션도 개발한다.

2 비즈니스 모델 : 서비스보조금모델

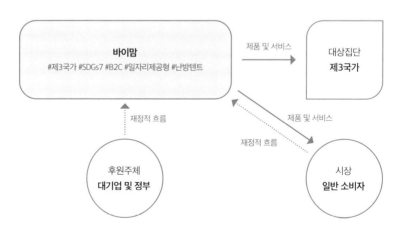

3 창업 스토리

바이맘의 김민욱 대표는 20대 초반 창업교육을 들으면서 창업에 대한 열망을 처음 지녔다. 졸업 뒤 바로 창업을 하지 않고 신용평가 업무를 하면서 1,000여 개 기업을 만나게 되었다. 수많은 기업의 성공담을 직접 보고 들으면서 창업에 도전했다. 김민욱 대표는 어머니가 추위를 걱정하는 가족을 위해 누빔원단을 이용해 실내 보온막을 만들어주는 것에 아이디어를 얻어 실내 난방 텐트를 제작하는 '룸인룸' 사업을 구상했다. 문학 전공자였던 김민욱 대표의 아이디어는 제조업에 종사하던 친구의 도움으로 실현되었다.

4 핵심가치

'바이맘BYMOM'이라는 이름에서 보이듯이 바이맘이 추구하는 가치는 명확하다. "어머니로부터 비롯된"이라는 의미로, 낡은 집에서 외풍으로 오들오들 떠는 손주들을 위해 누빔이불로 외풍 차단막을 만든 어머니의 사랑과 정성을 고스란히 잇겠다는 의지를 담았다. 난방비를 주는 게 아닌 근본적인 해결방안을 찾는 어머니의 애틋한 마음, 그 공감 바이러스를 세상에 퍼뜨리겠다는 의지로 기업을 운영하고 있다.

실내에서는 텐트만 쳐도 바깥보다 섭씨 4도 이상 올라갈 정도로 보온효과가 높다. 그러나 누빔이불의 원가가 너무 비싸 에너지 빈곤층 문제를 해결하기 어렵다고 판단해 질 좋고 저렴한 원단을 찾고 인식 개선을 위해 끊임없는 기부활동을 이어가고 있다.

5 수익모델

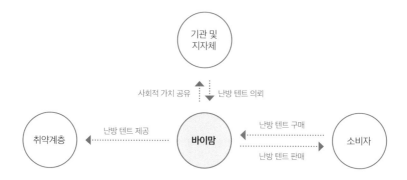

바이맘의 제품은 1세대 '마미룸'부터 7세대 'SLEEP 24'까지 고급형과 보급형으로 나누어 판매된다. 2021년에는 수면 솔루션 개발로 귀마개 일체형 수면안대를 출시했다. 호주에도 난방 텐트를 1억 원어치 이상 수출해 세계적인 브랜드로도 성장하고 있다.

사회적 가치 창출과 함께 기술 개발도 지속해 유아용 섬유제품 인증, 로하스 인증[24] 등을 받았다. 이는 고객의 입소문을 타는 계기가 되어 총 매출의 70%가 B2C^{Business to Consumer} 모델이며 대부분 수도권 아파트에 거주하는 주부들이 구매한다고 한다. 최근에는 포스텍 장수영 교수의 조언을 받아 태양광 패널로 작동되는 초소형 에어컨을 개발하는 등 사업영역도 확장하고 있다.

---

24 21세기 모두가 더불어 잘 사는 늘 푸른사회, 건강사회, 행복사회를 만들기 위해 로하스 (LOHAS) 정신에 따라 노력하고 성과를 보인 기업과 단체의 제품, 서비스, 공간에 대해 한국표준협회가 인증하는 제도다.

6 핵심자원

국내에서 소득의 10% 이상을 에너지 구매에 쓰는 에너지 빈곤층이 2019년 130만 가구로 추산되었다. 일시적인 연료 지원은 한계가 있고 경제성이 낮다. 또한 온실가스 배출량이 많은 연료를 사용하는 가정은 일반 가정의 2배가 넘는다. 이런 문제들로 인해 연료 지원의 문제점이 대두되는 시점에 바이맘은 반영구적인 난방 텐트를 지원해 에너지 빈곤층 문제를 해결하고 있다. 바이맘은 이런 가치를 인정받아 현대자동차그룹, 한국남동발전 등과 함께 빈곤가구 3,000곳에 난방 텐트를 보급했다.

7 핵심프로세스

바이맘의 제품은 7세대까지 개발된 상태이며 앞으로도 계속해서 개발될 예정이다. 이런 지속적인 제품 개발을 위해 끊임없이 고객연구도 해오고 있다. 사업 첫 해에는 고객 3,000명에게 일일이 전화해 제품 만족도와 불편함을 직접 듣고 개선점을 찾아 적용했다. 바이맘은 기술로 제품을 만들기보다 필요한 제품을 만들기 위해 어떤 기술이 필요한지 알아내고 연구하는 방식을 취한다. 자체 개발도 지속하지만 다양한 스타트업과 협업을 통해 시너지 효과도 내고 있다.

22

주식회사 샤인임팩트

#환경 #SDGs4 #SDGs12 #B2B #기타형 #청소교육
www.shineimpact.com

1 소셜미션

샤인임팩트SHINE IMPACT의 소셜미션은 "지속 가능한 삶으로의 안내와 그 가치를 견인하는 문화와 교육을 위해 샤인임팩트가 함께 하겠습니다"다. 샤인인팩트는 사회, 건강, 내면의 감수성, 환경, 경제 5가지의 조화를 뜻한다. 이 5가지 영역이 성장해 균형을 이룰 수 있도록 한다.

2 비즈니스 모델 : 서비스보조금모델

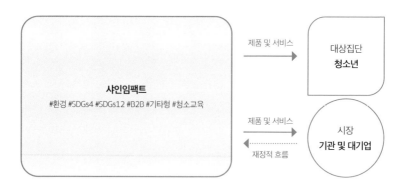

3 창업 스토리

샤인임팩트의 정승애 대표는 사회복지시설에서 사무국장으로 근무하면서 다양한 기업의 사회공헌활동을 접했고 이후 풀무원 더스킨에 재직하면서 CSV[25] 프로그램인 '청소교실'을 진행하다 창업을 결심했다. 특히나 가정 내 청소 인식과 실제 먼지를 제거하는 가장 효과적인 방법에 대해 질문하고 실내공기 질 관리가 청소의 중요한 영역임을 인식하도록 먼지를 직접 닦고 제거하는 체험형 교육이 필요하다고 느꼈다. 특히 세 아이의 엄마로서 청소가 단순한 허드렛일이 아닌 나와 세상을 건강하게 만들어주는 과정이라는 것을 아이들에게 깨닫게 해주고 싶었다.

4 핵심가치

'바른청소교실'이라는 타이틀로 집안일이나 노동의 개념인 청소를 아이들에게 놀이라는 방식으로 접근하면서 자연스레 환경에 대한 교육까지 이어갈 수 있다. 특히 '샤인맨'이라는 캐릭터를 개발해 교육동화를 활용하고 현미경으로 먼지를 관찰하는 등 아이들이 쉽고 친근하게 청소를 접하게 하면서 동시에 재활용 방법도 교육한다.

---

25 Creating Shared Value, '공유가치창출'이라고도 하며 경제와 사회적 조건의 개선과 동시에 비즈니스 핵심 경쟁력을 강화하는 일련의 기업정책과 경영활동이다.

5 수익모델

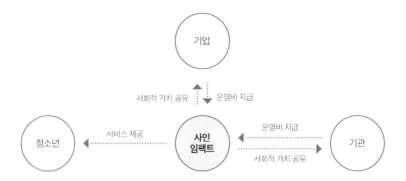

샤인임팩트의 주된 수익모델은 기업의 CSR[26] 프로그램 운영대행이다. 풀무원재단의 '바른청소교실'을 운영하면서 2021년까지 1,561회의 교육 수행, 4만 명에 육박하는 아이들에게 프로그램을 제공했다. 더불어 '초록청소교실', '푸른바다교실', '재미프로젝트 : 다시 찾는 아름다움', '먼지가 뭔지' 등 다양한 교육 프로그램을 운영 중이며 LG 소셜캠퍼스, 송파구, 사회복지공동모금회 등 여러 기관과 함께 환경에 대한 교육, 컨설팅, 연구를 수행하고 있다.

6 핵심자원

정승애 대표는 현재 이화여자대학교 사회적경제 박사과정에 재학하며 다양한 섹터에서 근무한 경험을 바탕으로 샤인임팩트를 이끌고 있다. 더불어 상사 양성과정을 통해 본인의 노하우를

---

26 Corporate Social Responsibility, '기업의 사회적 책임'이라도 하며 기업이 생산과 영업 활동을 하면서 환경경영, 윤리경영, 사회공헌과 노동자를 비롯한 지역사회 등 사회 전체에 이익을 동시에 추구하며 그에 따라 의사결정과 활동을 하는 것을 말한다.

경력단절여성에게 전파함으로써 새로운 일자리를 창출한다. 각각의 강사에게 청소교육에 대한 동질감을 느끼게 해 기업의 미션과 동일한 방향성을 지닐 수 있도록 성장시키고 있다. 또한 끊임없는 연구개발로 교육 서비스 이외에도 어린이 환경 동화책 등을 출판해 사업영역을 확대하고 있다.

7 핵심프로세스

샤인임팩트는 개인의 필요가 사회의 결핍과 연결되는 지점에서 시작되었다. 샤인임팩트의 프로그램은 부모와 아이가 소통하고 바른 습관을 만들어가는 과정이다. 아이의 생활습관은 양육자의 태도, 문화적, 경제적, 사회적 차이 등에 따라 다르게 나타나므로 청소라는 도구를 활용해 함께 살아가는 공동체로서의 삶과 환경에 대한 인식을 확장하는 데 초점을 맞추고 있다.

23

주식회사 에코플레이

#환경 #SDGs4 #SDGs12 #B2B #기타형 #환경VR교육
ecoplay.life

1 소셜미션

에코플레이ECOPLAY의 슬로건은 "We do everything for the clean environment"다. 환경오염에 관해 언제 어디서나 쉽게 공감할 수 있는 콘텐츠를 제공해 지속 가능한 환경을 실현하고자 한다.

2 비즈니스 모델 : 서비스보조금모델

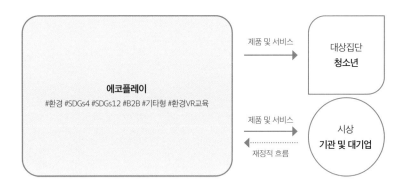

3 창업 스토리

국립환경과학원 연구원 출신인 이미영 대표는 환경오염이라는 주제밖에 모르던 연구원이었지만 아이들에게 환경오염에 대한 처리보다 예방의 중요성을 알리고 싶은 강한 의지가 있었다. 또한 경력단절여성에게 "할 수 있다"라는 자신감을 갖게 하고 성장 가능성을 발굴하기 위해 창업을 시작했다. 다양한 창업 프로그램과 교육을 수강한 뒤 2017년 경기도 사회적경제 창업오디션에 선정되었다. 이후 다양한 공모사업에 선정되었고 2018년 사회적기업가 육성사업, 2019년 청년창업사관학교 등으로 초기 자본금을 마련하며 사업모델을 고도화해 현재까지 사업을 영위하고 있다.

4 핵심가치

'환경오염에 관한 내용을 아이들에게 어떻게 하면 친숙하게 알려줄 수 있을까?'라는 문제를 해결하기 위해 다양한 프로그램을 개발했다. 초창기에는 지구 온난화 실험 키트와 수질오염 실험 키트 등 아이들이 쉽게 체험하고 인지할 수 있는 도구를 개발했지만 이후 정보통신기술ICT에 기반을 둔 환경교육 서비스로 사업영역을 확대해 운영하고 있다. 환경오염 예방을 위한 환경교육을 아이들의 눈높이에 맞추어 실현해나가고 있다.

5 수익모델

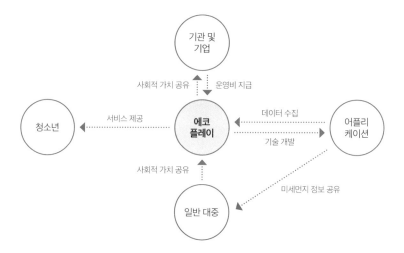

가장 큰 수익은 환경교육으로 발생하는 수입이다. 기존의 환경교육은 대부분 강의형이나 체험형으로, 간단한 교안을 가지고 진행했다. 그러나 에코플레이는 VR과 ICT 등을 활용해 교안을 구성하고 학습하도록 유도한다. 더불어 미세먼지 측정 어플리케이션인 '에코캐스트'를 개발해 운영하고 있다. 이를 통해 환경안전 네트워크를 구축해 추후 활용할 수 있는 기반을 마련 중이다.

6 핵심자원

에코플레이는 연구개빌 기반의 기술 개발을 통해 다양한 정부지원 사업에 선정되고 이를 활용해 여러 특허와 지적재산권을 획득하고 있다. 향후 지적재산권을 활용한 중장기적 수익화 사업의 기반을 마련할 수 있다는 점에서 단순한 수익화 사업을 시행하는 것보다 더욱 중요하다. 사회적기업 대부분이 이런 부분을 놓치는 경우가 많지만 에코플레이는 한 단계씩 성장하고 있는 것이 고무적이다.

7 핵심프로세스

문제의 원인을 파악하고 이를 데이터로 수집해 현황을 파악한 뒤 예방하는 방식을 교육 프로그램으로 연계했다. 변화하는 시대의 트렌드를 먼저 읽고 대응하는 방식을 활용한 측면이다. 트렌드보다 한발 앞서나가는 것은 에코플레이처럼 작은 차이로 시작될 수 있다.

24

주식회사 소소한소통

#발달장애인 #SDGs8 #SDGs10 #B2G #일자리제공형 #쉬운정보
sosocomm.com

1 소셜미션

소소한소통은 전문성을 겸비한 소통 지원 기관으로, 발달장애인이 동등하게 참여할 수 있는 사회를 만들어나가고 있다.

2 비즈니스 모델 : 서비스보조금모델

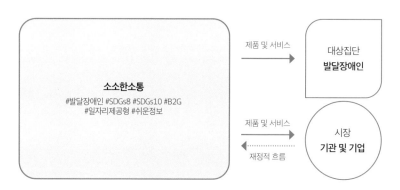

3 창업 스토리

백정연 대표는 대학교 봉사동아리에서 활동하며 매년 방문한

곳이 장애인 시설이었다. 사회적 약자일 수밖에 없는 장애인 편에
서서 점차 활동을 늘려나가게 되었고 장애인단체에서 만난 남편
역시 장애인이다. 열정적으로 일하는 모습이 멋져 보여 결혼했다.
인지적 어려움을 가진 발달장애인에게 쉽게 이해할 수 있는 자료
를 제공하는 것은 특성에 맞는 지원이자 '알 권리'라는 문제의식
에서 출발해 창업했다.

4 핵심가치

시각장애인과 청각장애인에게는 점자와 보청기라는 의사소통
수단이 있지만 발달장애인에게는 이런 수단이 빈약하므로 '이해
하기 쉽게 전달하는 자료'를 통해 '발달장애인-발달장애인', '발달
장애인-비장애인' 사이의 원활한 의사소통을 가능하게 한다.

5 수익모델

주된 수익은 보건복지부를 위시한 지방자치단체와 장애인복지
기관 등의 게시문이나 안내문을 읽기 쉽게 변환하고 제작해 제공
함으로써 얻는 수익이다. 발달장애인을 향한 관심이 높아지면서

일상생활에 필요한 자가사용, 교육지도용 도서도 제작해 서점을 통한 판매수익 역시 증가하고 있다. 점진적으로 공공기관과 은행, 보험사 등 민간기관의 홍보 포스터, 광고문, 약관 등으로의 확산도 기대하고 있다.

6 핵심자원

사업 특성상 발달장애인의 눈높이에 맞는 소통에 필요한 정확한 니즈를 파악해야 한다. 따라서 쉽게 표현해 전달할 수 있는 능력과 디자인 역량이 필요하며 상호 공감하는 발달장애인간의 네트워크 확립이 핵심자원이라 할 수 있다.

7 핵심프로세스

무엇보다 발달장애인이 쉽게 이해하는 것이 중요하므로 발달장애인이 직접 참여하는 프로세스를 통해 제작이 이루어진다.

1. 문장 변환 : 비장애인과 발달장애인이 제작회의를 통해 쉬운 표현의 문장으로 변환하고 이때 필요한 삽화도 논의한다.
2. 삽화 개발 : 쉬운 표현의 이해를 돕는 삽화를 개발하고 필요 시 표지 등 디자인 개발을 진행한다.
3. 자문과 감수 : 자료 성격에 따른 전문가 집단의 자문을 받고 제작자 이외의 발달장애인 당사자의 감수가 이루어진다.

25

에이유디 사회적협동조합

#청각장애인 #SDGs10 #B2G #B2B #사회서비스제공형
audsc.org

1 소셜미션

에이유디^AUD^의 슬로건은 "모두가 행복한 소통"이다. 청각장애인의 의사소통과 사회참여를 지원한다. 에이유디는 'Auditory Universal Design'의 약자로 '청각의 유니버설 디자인^보편적 설계^'이라는 가치를 담고 있다.

2 비즈니스 모델 : 서비스보조금모델

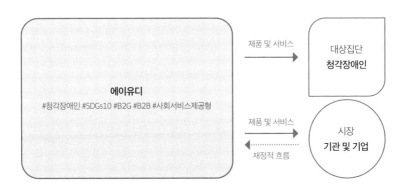

3 창업 스토리

에이유디의 박원진 이사장은 어렸을 적 고열을 앓고 난 뒤 청각장애를 안게 되었다. 성인이 된 뒤 제주도에서 초등교과목 특수학교 교사로 근무하면서 우연한 기회에 '헤드플로^{공유강의 플랫폼}'를 알게 되었다. 이후 사업을 시작해 소셜벤처 경연대회 우수상, 3기 사회적기업가 육성사업 우수창업팀, H-온드림 대상, 사회적경제 우수기업으로 선정되었다.

4 핵심가치

청각장애인의 소통은 오직 수화로만 가능할까? 청각장애인의 소통방법은 비장애인이 생각하는 것보다 많다. 놀라운 사실은 우리나라 청각장애인 중 수화를 사용하는 비율은 6%에 지나지 않는다. 입술의 움직임과 표정을 보고 이해하는 소통구화, 문자언어를 기반으로 한 필담, 몸짓으로 하는 의사소통인 신체언어, 음성언어를 자막화해 소통하는 문자통역 등의 소통방법이 있다. 그마저도 소통구화는 최근 코로나 19 영향으로 마스크를 착용해 불가능하게 되었다. 에이유디는 청각장애인의 다양한 소통방법 중 문자통역으로 청각장애인의 소통단절을 해결한다.

5 수익모델

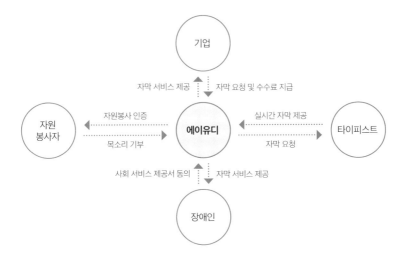

청각장애인의 문자통역 소통법으로, 모바일 실시간 자막 서비스인 '셰어타이핑'을 첫 사업으로 시작했다. 대형 강의나 포럼, 학교, 교회 등에서 앞에서 말하는 사람의 이야기를 속기사나 자원봉사자가 실시간으로 기록하면 청중이 이를 자신의 스마트폰이나 테블릿을 통해 자막으로 받아 보는 서비스다. 셰어타이핑 어플리케이션은 무료로 이용 가능하며 에이유디는 이 서비스가 필요한 단체나 모임에 속기사나 자원봉사자를 매칭해준다.

사실 실시간 자막 서비스는 대상자인 청각장애인의 신청이 많아야 하는데, 실제로는 그렇지 못하기 때문에 회사의 매출을 높이는 데 한계가 있었다. 최근에는 '셰어타이핑 글래스'를 개발해 렌즈를 통해 실시간으로 자막을 보여주어 청각장애인이 쉽게 소통의 즐거움을 누릴 수 있게 했다. 스마트폰 등으로 제공되었던 것보다 청각장애인에게 더욱 친화적인 서비스를 개발한 것이다. 또한 SK C&C와 함께 청각장애인을 위한 목소리 기부 어플리케이션인 '행복한 소리 Dream'를 개발했다. 기부한 목소리 데이터가 많아질수록 문자통역 시 발생하는 오타를 줄일 수 있다.

6 핵심자원

에이유디의 핵심자원은 '진심'이다. 사회적기업 대표자의 진심은 흔히 사회적기업가 정신이라고 한다. 사회적기업가 정신은 본인이 생각하는 사회적 문제에 대한 명확한 정의와 이를 해결하고자 하는 의지의 요약이다. 대표자가 청각장애인이고 청각장애인의 의사소통 의지를 통해 에이유디는 성장할 수 있었다. 즉, 소비자인 청각장애인의 관점에서 제품을 개발하고 니즈를 파악한 것이다. 현대, SK 등 굴지의 기업이 파트너사로 에이유디를 지원하는 점이 바로 이런 정체성과 사회적 가치를 인정하기 때문이다.

7 핵심프로세스

에이유디는 사회적협동조합이므로 청각장애인, 자원봉사자, 비장애인이 함께한다. 협동조합이 지속할 수 있는 원동력은 조합원 간의 합의^{비전}가 되어야 하며 이를 끊임없이 지속하는 것에 있다. 에이유디는 이런 점에서 조합원 각각의 작은 나눔과 협력, 공유를 통해 움직이고 여러 대기업과 정부의 지원으로 끊임없는 연구개발을 실시하고 있다.

대기업과 정부의 지원을 받고자 하는 사회적기업 예비 창업자가 많이 있다. 에이유디처럼 조금 느리지만 사회적 가치를 위해 쉬지 않고 노력해 최소한의 성과를 보여준다면 당신도 가능하다.

주식회사 비플러스

#사회적기업 #SDGs8 #SDGs11 #B2B #지역사회공헌형 #P2P금융
benefitplus.kr

1 소셜미션

비플러스BPLUS는 투자수익에 유익함Benefit을 더하는Plus 즐거운 투자 경험을 제공한다. 금융 투자자에게 사회의 다양한 문제를 비즈니스 방식으로 해결하는 소셜 임팩트 창출 프로젝트를 만들고, 직접 투자할 기회를 제공하고, 어떻게 가치를 창출하는지 확인하며, 안정적인 수익을 얻을 기회도 제공한다.

2 비즈니스 모델 : 조직지원모델

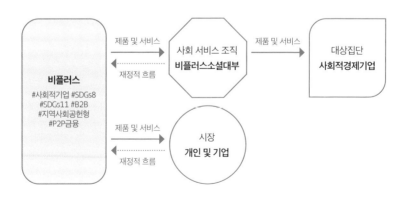

국내에서 P2P^{Peer to Peer} 플랫폼을 운영하기 위해서는 일반적으로 여신 운영이 가능한 대부업을 함께 실행한다. 비플러스도 '비플러스소셜대부'라는 자회사를 보유하고 있으며 비플러스소셜대부에서는 비플러스 플랫폼에서 발생하는 대출만 취급한다.

3 창업스토리

서울대학교 경영학과를 졸업하고 회계법인에서 일하던 비플러스 박기범 대표는 젊은 나이에 흔치 않은 설암 판정을 받고는 새로운 사회적 가치에 눈을 뜨게 되었다. '소셜벤처, 사회적기업의 자금 조달 이슈를 해결하면서 투자자 관점에서 사회적 가치가 있는 곳에 돈을 투자할 수 있는 연결고리를 만들자'라는 생각으로 P2P 플랫폼 '비플러스'를 설립했다. 회계사 시절 주 고객이 금융권이었던 그에게 비교적 자신 있는 영역이었다. "작지만 꾸준히 매출이 발생하고 실제 현금흐름을 창출하고 있다면 부당한 대출 거절과 과도한 고금리 상황에 놓이지 않아야 한다고 생각했다"라면서 능력이 되는 한도 내의 적정금리 대출이라면 취약계층 고용 같은 목적에 집중할 수 있다고 판단했다.

비플러스가 투자하는 기업은 대개 영세한 경우가 많다. 박기범 대표는 "그래서 대출형태가 맞다고 생각했다"라며 "지분투자 관점에서는 투자할 만한 곳이 적은 게 사실이지만 대출형태로 봤을 때는 충분한 상환 가능성이 나오는 기업이 많다"라고 설명했다. 그는 "투자수익의 극대화보다는 자산의 사회적 가치 창출과 합리적 투자수익을 추구하는 분께 적합한 상품을 제공하겠다"라고 앞으로의 포부를 밝혔다.

4 핵심가치

투자자는 적정이익을 얻으면서 공익목적 프로젝트를 지원할 수 있고 이로써 공익목적 프로젝트는 편리하게 자금을 조달한다. 일반 금융시장의 투자방식을 사회와 환경적 의미를 고려한 방향으로 변화시켜 사회혁신을 가속한다. 나아가 내가 투자한 돈이 부자를 더 부자로 만드는 게 아닌 내가 사는 세계에 긍정적인 영향을 미치고 다 함께 살만한 세상을 만들게 된다.

5 수익모델

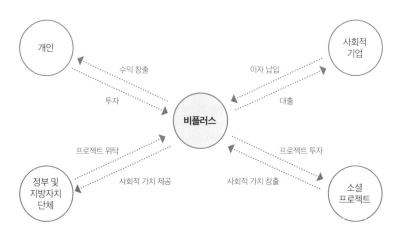

비플러스의 수익모델은 크게 2가지로, 첫 번째는 P2P 대출 중개 수수료, 즉 크라우드펀딩 등을 통해 조달한 자금을 중금리[7~8%]

수준으로 소셜벤처나 사회적기업에 대출해 주면서 중개 수수료를 취득한다. 두 번째로는 정책자금 운용수익이라고 할 수 있다. 자치단체의 사회투자기금을 위탁받아 사회적 프로젝트 수행기업에 대출해줌으로써 수익이 발생한다. 자치단체의 기금 증가에 따라 수익 증대가 기대된다. 향후 대기업, 금융기관의 CSR 자금 등을 위탁받아 운용하는 형태의 사업도 실시할 예정이다.

6 핵심자원과 핵심프로세스

비플러스의 첫 번째 핵심자원은 사회적기업이나 소셜 프로젝트의 '소셜 임팩트 정도를 판단하는 능력'이고, 두 번째는 무상 지원이 아닌 추후 회수해야 하는 대출이므로 세심한 심사를 통해 자금 손실률을 최소화하는 '자금 회수 가능성의 판단 능력'이다. 이 2가지를 적절히 운영함으로써 비플러스도 지속 가능한 기업으로서 소셜 임팩트를 창출하는 기업이나 프로젝트에 꾸준히 참여할 수 있다.

27

사회적협동조합 자바르떼

#저소득층 #예술인기획자 #SDGs1 #SDGs4 #B2G
#기타형 #문화예술 #교육
arteplay.net

1 소셜미션

자바르떼JOBARTE는 문화소외계층의 창조적인 자기문화활동과
문화공동체를 실현하는 공공적인 문화예술활동을 통해 문화예술
인의 안정적인 활동기반을 구축한다.

- job : 창조적 예술가의 지속적인 일거리
- art : 문화예술 활동과 사업을 통해 문화소외를 해소
- e(edu/play) : 놀이형 교육과 즐거움

2. 비즈니스 모델 : 조직지원모델

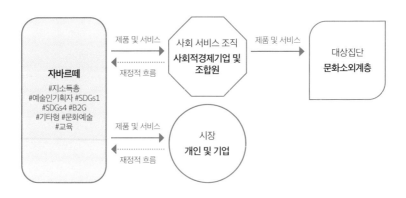

3 창업 스토리

자바르떼는 2004년 문화예술인의 공공 일자리를 창출하고 소외계층을 찾아가는 문화예술 교육인 '신나는 문화학교' 프로젝트로 시작했다. 이 프로젝트를 위해 먼저 사업단을 구성했고 다음 해에 문화관광부 비영리민간단체로 등록되었다.

처음에는 고정수입이 없고 직장을 가져보지 못했던 예술인이 월급을 받으며 지속적으로 일할 수 있는 기반을 만들어보자는 취지로 설립되었다. 사업 경험이 없는 문화예술인 50여 명은 맨땅에 헤딩하듯이 다양한 지원금과 보조금으로 사업을 시작했다. 점차 신나는 문화학교의 취지에 공감하는 문화예술인이 증가했고 연간 1,500명 이상의 소외계층을 대상으로 문화예술 교육 프로젝트를 수행했다.

첫 번째 터닝 포인트는 「사회적기업 육성법」이 시행되면서 전국 2호 사회적기업으로 인증받아 사업을 지속할 토대를 마련한 점이다. 교육 이외에도 체험, 창작, 공연, 공간 등의 다양한 방면으로 영역을 넓혀갔다. 이후 2010년에는 인천, 안산 지부가 독립해 각기 사회적기업으로 성장했고 2010년 11월에는 수원 남문시장 문전성시 사업으로 지역사회와 연계한 문화예술 교육을 지속했다. 두 번째 터닝포인트는 사회적협동조합으로의 전환이다. 조합원 중심의 운영체계를 가지고 있던 자바르떼는 2012년 「협동조합 기본법」이 제정됨에 따라 2013년 창립총회를 통해 사회적협동조합으로 전환해 현재까지 이르고 있다.

4 핵심가치

예술가가 월급을 받으면서 소외계층에게 문화예술 교육과 공연, 체험활동을 제공함으로써 소외계층에게는 문화격차를 줄이고 문화예술인에게는 안정적인 일자리를 제공하는 핵심가치를 2004년부터 현재까지 유지해오고 있다.

자바르떼는 자율적인 노동과 안정적인 일자리를 원하는 노동자 조합원, 창작과 교육활동을 하며 고정적인 일거리를 원하는 생산자 조합원, 자바르떼의 철학과 가치에 동의하는 후원자 조합원이 함께 모여 조합의 미래를 꿈꾸고 그 꿈을 하나씩 실현하는 중이다. 그 꿈을 함께 만들어가고 싶은 예술가, 기획자, 지역문화활동가, 자원활동가, 후원인의 참여를 언제나 기다리고 있다.

5 수익모델

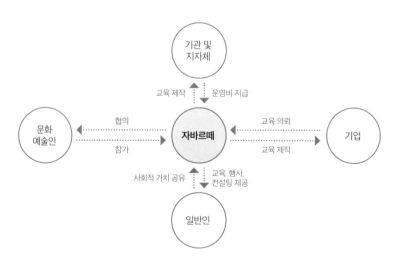

기본적으로 공공매출을 통해 수익을 창출하고 참여한 조합원에게 공정한 분배를 시행한다. 초창기에는 문화예술 교육사업을 중심으로 운영되었지만 이후 은평누리축제, 보건복지부 바우처 사업, 금천아트캠프, 인문독서예술캠프, 서울마을박람회, 공정무역페스티벌 같은 교육, 문화, 행사 등 다양한 사업분야로 확장해 진출했다. 현재는 문화예술 교육, 참여형 공정기획, 지역문화 기획사업, 사회적경제 컨설팅 사업 등으로 확장해 한국사회적기업진흥원의 청년협동조합 멘토기관으로 활동하며 다양한 예비 사회적경제기업을 발굴하고 육성하는 역할도 하고 있다.

6 핵심자원

자바르떼는 누구나 창작하여 소통할 수 있도록 한다. 어려운 예술이 아닌 누구나 쉽게 표현할 수 있는 창작체험활동을 통해 자존감을 높이고 전문가를 양성하기보다 문화예술을 즐길 수 있도록 한다. 기능 위주가 아닌 놀이가 결합된 활동으로 스스로 예술을 즐길 수 있는 감성을 개발한다. 자신 주변과 삶의 이야기를 예술활동에 담아내 내 이야기, 내 가족 이야기, 내 주변의 일들이 자신의 예술활동에 담겨질 수 있도록 한다.

교육 참가자의 욕구와 상황에 맞는 교육 프로그램을 새롭게 구성하고 정해진 교육 커리큘럼을 고집하지 않는다. 참가자의 욕구와 목표에 따라 교안을 항상 재구성한다. 또한 경력 있는 교사가 지역에서 몇 년간 문화학교를 진행해 매해 3회 이상의 교육연수와 월별 교안연구로 새로운 교육내용을 개발한다. 이처럼 생산자

조합원인 문화예술인의 끊임없는 연구와 노력, 수혜대상과 긴밀한 접촉이 자바르떼의 핵심자원이다.

7 핵심프로세스

자바르떼의 핵심프로세스는 사회적협동조합의 특징에 따라 가장 처음에는 조합원의 욕구 모으기를 시작으로 수요자의 니즈를 파악한다. 이후 사업의 주체를 정해 실행할 수 있는 생산자 조합원과 노동자 조합원을 구성한 뒤 사업대상을 설정한다. 그리고 조합원의 시간과 참여율에 따른 예산을 기획하고 조달할 수 있는 조합기금과 공공재원을 매칭한다. 이후 본격적으로 조합원이 중심이 되어 프로젝트를 제작하고 기획해 성과물을 만들어간다. 성과물은 시연회에서 테스트와 모니터링을 통해 보완할 부분을 찾아 보완한다. 다음으로 파일럿 공연을 진행해 일반 사업대상에게 전달하고 사업화를 진행하는 프로세스를 갖는다. 어쩌면 조합원과 함께 만들어가는 과정이 더딜지 몰라도 참여한 조합원과 참여대상의 만족도를 높이기 위한 노력이 중요하다.

28

성미산 문화협동조합

#마을공동체 #SDGs1 #SDGs11 #B2C #기타형 #마을극장
sungmisantheater.modoo.at

1 소셜미션

성미산 문화협동조합에서 운영하는 '성미산마을극장 향'은 나와 너를 넘어 더 큰 우리로 만날 수 있는 공간이다. '바라보다, 향기롭다, 울리다, 잔치하다'라는 의미와 '마을'이라는 단어를 성미산마을극장 향이란 이름에 담았다. 모이고, 보고, 놀고, 배우며 더불어 자라는 공간인 이곳은 문화와 예술이 저 멀리에 있는 것이 아닌 우리의 삶이고 더불어 즐기고 누릴 수 있는 것임을 알려준다.

2 비즈니스 모델 : 조직지원모델

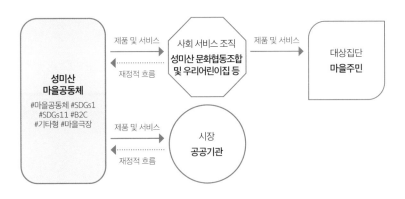

3 창업 스토리

서울시 마포구 내 성산 1, 2동, 망원동, 연남동 방향으로 만나는 해발 66미터의 작고 낮은, 그러나 마포구 유일의 자연산인 성미산을 중심으로 연결된 크고 작은 70여 개의 커뮤니티 네트워크를 '성미산마을'이라고 한다. 2001년 성미산 배수지 개발로 마을이 존폐의 기로에 있을 때 마을공동체 활동이 시작되어 주민 스스로 정체성을 가지고 연대해 이후 지속적인 변화를 만들었다. 현재는 마을 초기의 개인적이고 끈끈한 관계망이 아니라 성미산마을이라는 상징성이 더 크게 작동하고 있으며 대표적인 마을공동체 사례가 되었다.

4 핵심가치

성미산 문화협동조합은 성미산마을에 속한 하나의 공동체로, 성미산마을의 핵심가치를 바라보면 좋을 것 같다. '우리어린이집'을 통해 교육공동체 기반을 마련했고 생태마을을 만들어 자원의 순환을 추구했으며 2001년부터는 '성미산마을축제'를 기획해 주민들간 화합의 장을 마련했다. 일련의 마을활동 이외에도 다양한 소모임이 있고 이중 수익사업으로는 성미산 문화협동조합, 함께주택 협동조합, 성미산밥상, 우리동생 등이 경제공동체로 성장해 마을주민이 함께 참여하고 있다.

5 수익모델

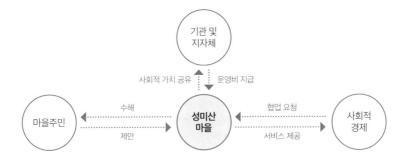

성미산마을은 삶에 필요하고 좋은 일을 함께 만들어갈 수 있는 관계를 기반으로 협동조합이라는 방식과 두레나 품앗이라는 문화를 바탕으로 살림경제를 추구한다. 특별한 수익모델보다는 지역 자원과 주민이 결합해 하나의 경제공동체로 활동하고 있다.

6 핵심자원

마을의 존폐위기에서 '성미산을 지키는 주민연대'라는 소수의 주민으로 시작된 활동이 이슈가 되었고 이를 통해 성미산마을이라는 브랜드로 성장했다. 마을은 사람과 사람이 모여 하나의 촌락으로 구성된 집단인데, 외부의 압력으로 존폐되는 경우가 태반이었지만 주민이 스스로 나서 마을을 꾸미고 성장시켜 지켜낸 스토리가 마을공동체의 아이콘 같은 상징성을 가지게 되었다.

성미산마을에 사는 주민의 자부심과 애정은 날이 갈수록 높아지고 있다. 이처럼 소수의 인원으로 시작되었지만 마을주민이 모두 공감하고 마을을 지켜나가는 것이 성미산마을의 핵심자원이다.

7 핵심프로세스

성미산마을은 주민이 함께 만들어가고 공동의 가치를 창출하는 마을공동체로, 초창기에는 마을지원사업과 보조사업으로 사업기반을 마련했고 이후 다양한 소모임과 프로젝트 그룹을 통해 테스트 사업을 꾸준히 실행했다. 이를 통해 수익성과 마을주민 참여도를 고려해 사업화를 이루어냈다.

성미산 문화협동조합도 이런 과정의 결과물로, 공간 구성에서 운영까지 주민 스스로가 해나가고 있다. 주민이 자긍심을 갖고 지역의 가치를 찾는 풀뿌리 자치활동이 성미산마을의 핵심프로세스라고 할 수 있다.

29

동네방네 협동조합

#구도심 #SDGs11 #B2C #지역사회공헌형 #게스트하우스 #도시재생
dnbncoop.tistory.com

1 소셜미션

동네방네 협동조합은 춘천 원도심 소외에 따른 상권 붕괴 등의
지역문제를 대안적이고 지속 가능한 방식으로 해결하기 위해 공
정여행과 게스트 하우스 사업을 한다.

2 비즈니스 모델 : 협동조합모델

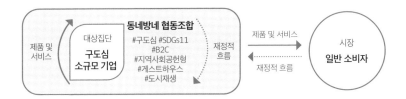

3 창업 스토리

동네방네 협동조합은 2014년 3월 설립되었지만 지역활동은
2011년부터 시작했다. 사회적경제를 공부하기 위해 1년간 프랑
스 유학을 다녀온 조한솔 대표는 한림대학교 후배와 함께 지역과

사회적경제를 공부하는 대학동아리를 만들었다. 춘천에 소재한 한림대학교 학생들이었기 때문에 지역문제에 관심이 많았고 춘천시외버스터미널 이전에 따른 지역상권이 무너지는 모습에 구도심 활성화를 위한 다양한 프로젝트를 시작했다.

가장 처음 시작한 프로젝트는 '동네방네 트래블'이라는 공정여행기업을 창안해 춘천 구도심과 시장을 돌아보는 것이었다. 그 과정에서 '궁금한 이층집'이라는 춘천 중앙시장 내 카페를 설립하기도 했다. 그러나 수요의 불균형으로 수익은 떨어지고 사업운영이 어려워짐에 따라 본격적으로 지역 활성화를 위한 사업을 준비하고 협동조합을 설립했다.

4 핵심가치

동네방네 협동조합은 사업초기부터 춘천지역을 기반으로 활동하며 춘천지역에서 청년, 문화, 여행 분야에 걸쳐 다양한 활동을 진행했다. 현재는 게스트 하우스 사업을 하면서 춘천 청년이 꾸준히 활동할 수 있는 지지대 역할을 했고 비즈니스 핵심 이해관계자인 숙박업체의 참여를 만들었다. 또한 단기적, 장기적 전략을 통해 비즈니스 완성도를 높였다. 단기적으로 성공모델을 만들어 지역주민의 지지를 얻으면서 장기적으로는 규모의 경제가 가능한 플랫폼 비즈니스로 진화하고 있다.

5 수익모델

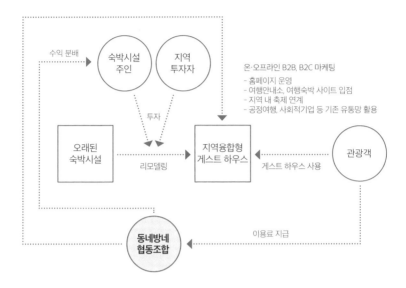

주된 수익은 지역융합형 게스트 하우스인 '봄엔하우스'를 통해 창출된다. 특히 주변 상가 10곳과 함께 3,000원짜리 상품권봄엔상품권을 만들어 지역을 방문하는 관광객소비자이 지역상권으로 흘러들어가게 했다. 이는 게스트 하우스 운영으로 원도심을 활성화하는 순환구조를 낳아 봄엔하우스는 춘천 최초의 게스트 하우스이자 지금까지 약 4,000명의 여행자가 체험하는 성과를 보여주었다. 또한 '궁금한 이층집'은 초기에는 동네방네 협동조합이 직접 운영하다 창업을 준비하는 청년에게 직접 운영할 기회를 제공해 임대료와 관리비만 받는 형태로 수익을 창출하고 있다.

춘천 중앙시장 내 매일 오후 5시경 1시간 동안 라디오 방송을 진행해 시장과 상생하는 모습도 보여주고 있다. 춘천 내 원도심 투어로 원도심의 가치와 역사를 소개하면서 관광 콘텐츠로까지 확대해 지역경제를 활성화하고 사회적경제기업의 인지도도 높이고 있다.

6 핵심자원

원도심의 숙박업소^{여관, 여인숙}와 지역 내 청년이 핵심자원이라 할 수 있다. 동네방네 협동조합은 봄엔하우스를 10년간 폐가로 방치된 '비선여인숙'을 리모델링해 젊은 감각의 게스트 하우스로 변신시켰다. 이는 주변 20개소의 여관과 여인숙의 지지를 받았고 춘천 내 숙박 플랫폼 비즈니스로 확대를 준비 중이다.

젊은층이 주요 타깃이기 때문에 지역 내 젊은 청년 조합원의 참여가 중요했다. 동네방네 협동조합은 춘천 내 다양한 프로젝트를 수행함으로써 청년 풀을 구축했고 청년이 만들고 청년이 즐기는 문화를 만들어나가고 있다.

7 핵심프로세스

원도심의 상권은 봄엔하우스에서 고객에게 제공하는 상품권을 통해 수익이 올라가고 동네방네 협동조합은 이 과정에서 상점들과 제휴를 통해 지역상권 내에서 신뢰를 쌓았다. 봄엔하우스 모델이 성공해 확장되면서 기존 관광객 이외에 새로운 고객층이 유입되면서 상권이 살아나고 수익구조가 개선되었다. 즉, 청년층의 개별 관광객이 들어오면서 공정여행의 가치를 지향하는 프로그램들이 생겨났고 인터넷 예약 시스템과 정보 제공, 커뮤니티 등의 기존의 방식과는 다른 방식으로 고객을 유치하면서 춘천 내 관광 사업이 활성화되고 있다.

스탬피플 협동조합

#시니어 #SDGs1 #SDGs4 #SDGs11 #B2G #일자리제공형 #평생교육
www.todaypeople.co.kr

1 소셜미션

스탬피플 협동조합은 세상의 가치 있는 이야기를 콘텐츠로 만들어 누구나 콘텐츠를 누릴 수 있는 환경을 제공한다.

2 비즈니스 모델 : 협동조합모델

3 창업 스토리

스탬피플 협동조합은 2016년 사회적기업가 육성사업을 시작으로 역사가 시작되었다. 손정환 대표는 사회적기업 통합지원기관에서 근무할 당시 지원업무만 하는 것에 한계를 느끼고 퇴사해 사회적기업을 창업했다.

초기에는 공정무역 제품을 유통했지만 공정무역 아이템인 직물소재에 대한 인증제도가 신설되면서 과다지출에 의한 경제적 압박으로 콘텐츠 제작으로 피봇했다. 조합원과 함께 취약계층 교육과 콘텐츠영상, 디자인, 웹툰, 스토리텔링 등를 제작했고 강원도 원주로 이전해 지역사회 문제와 시니어에 대한 니즈를 발굴해 시니어 전문교육 육성기관으로 성장했다.

4 핵심가치

누구나 학습자가 될 수 있고 누구나 교수자가 될 수 있다는 평생교육의 이념을 가지고 시니어를 비롯한 취약계층에게 취업과 창업에 필요한 교육을 시행하고 콘텐츠로 제작해 배포한다. 최근에는 이런 노고를 인정받아 고용노동부의 신중년 경력형 일자리 사업 우수사례에도 선정되었다.

5 수익모델

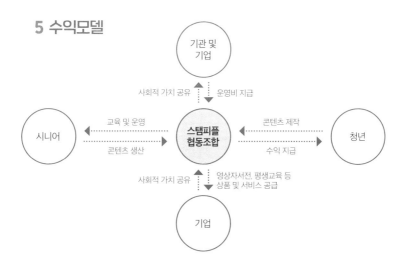

고용노동부의 신중년 경력형 일자리 사업 주관기관으로서 보조금 사업을 운영하고 있다. 시니어의 가치와 가능성을 더 확장하고자 '영상자서전' 사업을 통해 대중의 인지도를 높이고 사업화를 실시하고 있다. 더불어 '투데이피플' 신문사를 통해 지역 시니어 기자를 발굴해 지역소식을 전달하고 향후 투데이피플 평생교육원을 만들어 다양한 평생교육 사업을 진행할 예정이다.

6 핵심자원

다양한 조합원으로 구성된 협동조합으로서 영상 전문가, 시나리오 전문가, 디자인 전문가, 스토리텔링 전문가 등 여러 분야의 전문가가 함께 사업을 운영하고 있다. 이는 협동조합의 가치를 잘 실현하고 있으며 더불어 사업운영을 단단하게 만들어가는 기반이자 핵심자원이다.

7 핵심프로세스

민주적인 의사결정으로 사업을 운영하고 문제의 원인을 파악해 이를 해결하기 위한 다양한 솔루션을 개발하고 있다. 솔루션을 개발할 때는 린스타트업[27]으로 테스트 시장을 통해 충분히 가치를 파악하고 실현하는 과정을 거친다.

---

27 제품이나 서비스의 핵심적인 최소한의 가치만을 담고 시장에 출시한 뒤 시장환경의 반응을 면밀히 분석해 지속적으로 보완해나가는 경영방식이다.

부록

1. 사회적기업 지원사업

사회적기업 지원기관 홈페이지(2021년 10월 기준)
- 한국사회적기업진흥원 : www.socialenterprise.or.kr
- 서울시사회적경제지원센터 : sehub.net
- 경기도사회적경제지원센터 : gsec.or.kr
- 광역 사회적경제지원센터 리스트 : 한국사회적기업진흥원 홈페이지에서 확인 가능
- 권역별 통합지원기관 리스트 : 한국사회적기업진흥원 홈페이지에서 확인 가능
- 부처별 예비사회적기업 통합지원기관 '신나는조합'
  : joyfulunion.or.kr
- 지역별 사회적기업 성장지원센터 '소셜캠퍼스 온'

소재지	전화번호	개소일
서울특별시 성동구	02-467-2510	2017년 4월 12일
부산광역시 수영구	051-753-2501	2017년 6월 16일
전라북도 전주시	063-223-2503	2017년 7월 17일
경기도 성남시	031-757-2501	2018년 10월 12일
대전광역시 서구	042-489-5790	2018년 11월 1일
대구광역시 중구	053-431-9821	2018년 11월 30일
울산광역시 남구	052-276-2505	2019년 8월 23일
강원도 원주시	033-748-8661	2019년 9월 10일
광주광역시 광산구	062-946-2166	2019년 9월 26일
서울특별시 영등포구	02-3667-8407	2019년 10월 31일

충청남도 아산시	041-549-7761	2020년 11월 30일
경상남도 진주시	055-338-2760	2020년 12월 8일
경상북도 구미시	054-476-6517	2020년 12월 10일
경상남도 김해시	055-287-6857	2020년 12월 15일

사회적기업 관련 주요 공모사업(2021년 1월 기준)

사회적기업가 육성사업
- 지원기관 : 고용노동부, 한국사회적기업진흥원
- 지원대상 : 혁신적인 사회적기업 창업 아이디어를 보유한 3인 이상의 팀
- 지원내용 : 1,000팀 내외, 팀별 지원금 차등 지원, 창업공간, 멘토링, 창업과정 교육, 자원 연계 등
- 홈페이지 : www.seis.or.kr
- 전국 권역 및 특화분야 창업지원기관 27개소

	구분	기관명	소재지	전화번호
1	서울·인천·경기	(사)피피엘	서울 강서구	02-3789-0023
2		(사)한국사회적기업중앙협의회 공제사업단	서울 서대문구	070-5099-1673
3		(재)함께일하는재단	서울 마포구	02-330-0724
4		사회연대은행 (사)함께만드는세상	서울 성북구	02-2280-3312
5		(사)홍익경제연구소	인천 남구	032-446-9491
6		사회적협동조합 사람과세상	경기 수원시	070-4763-0130
7	서울·인천·경기(IT)	에스이임파워 사회적협동조합	서울 구로구	070-5057-3620
8	서울·인천·경기(글로벌)	사회복지법인 열매나눔재단	서울 중구	02-2665-0718
9	강원·대전·충청	(사)강원도사회적경제지원센터	강원 원주시	033-749-3950
10		사회적협동조합 세상만사	대전 중구	042-320-9540
11		(사)충남사회경제네트워크	충남 아산시	041-415-2012
12		(사)충북시민재단	충북 청주시	043-221-0311
13	부산·울산·경남	(사)공동체디자인연구소	대구 중구	053-957-5556

14	부산·울산·경남	대구대학교 산학협력단	경북 경산시	053-850-4779
15		부산가톨릭대학교 산학협력단	부산 금정구	051-510-0941
16		(사)사회적기업연구원	부산 연제구	051-504-0275
17		사회적협동조합 울산사회적경제지원센터	울산 중구	052-267-6176
18		모두의경제 사회적협동조합	경남 창원시	055-286-6379
19	광주·전라·제주	사회적협동조합 살림	광주 서구	062-383-4747
20		광주대학교 산학협력단	광주 남구	062-670-2794
21		(사)휴먼네트워크 상생나무	전남 무안군	061-281-0201
22		전라북도경제통상진흥원	전북 전주시	063-711-2110
23		제주사회적경제네트워크	제주 제주시	064-724-4843
24	여성	(사)여성이만드는일과미래	서울 마포구	02-761-1800
25	귀산촌·산림	(사)한국마이크로크레디트 신나는조합	서울 서대문구	02-365-0330
26	도시재생	(사)퍼스트경영기술연구원	충북 청주시	043-264-9979
27	디자인·제조	(재)부산디자인센터	부산 해운대구	051-745-3203

청년 등 협동조합 창업지원사업

- 지원기관 : 기획재정부, 한국사회적기업진흥원
- 지원대상 : (사회적)협동조합 설립을 목표로 하는 청년 창업팀
- 지원내용 : 창업 인큐베이팅 공간 지원, 맞춤형 사전교육, 사업화 인큐베이팅 등

과학기술인 협동조합 공모전

- 지원기관 : 과학기술정보통신부, 과학기술인협동조합지원센터
- 지원대상 : 과학기술을 기반으로 한 (사회적)협동조합
- 지원내용 : 총 상금 5,200만 원

사회적경제기업 지원 Mini Contest

- 지원기관 : 신세계아이앤씨
- 지원대상 : IT 기술을 활용한 사회문제 해결 아이디어를 가진 기업
- 지원내용 : 팀별 1~2천만 원 성장 지원금

사회성과 인센티브

- 지원기관 : SK사회공헌위원회
- 지원프로그램 : 인센티브 보상으로 사회적기업에 외부자본을 유입해 추가적인 사회적 기업의 창업과 고용인원 증대가 목표

- 지원대상 : 사회 서비스와 고용, 환경, 사회 생태계에 다양한 영향을 미치고 성과를 창출하는 사회적기업
- 지원내용 : 사회적기업이 창출한 성과를 1년 단위로 측정, 평가해 연 1회 인센티브 제공

지역 사회혁신프로젝트
- 지원기관 : KB국민은행
- 지원프로그램 : 지원금과 멘토링 활동을 지원해 사회혁신을 위한 기술혁신 유도
- 지원대상 : 혁신적인 방법으로 제품개발활동과 고용 창출을 모색하는 기업
- 지원내용 : R&D 지원금 기업당 1~2천만 원 지원

H-온드림 오디션
- 지원기관 : 현대자동차
- 지원프로그램 : 아이디어를 가진 소셜벤처를 발굴하여 육성
- 지원대상
  - 인큐베이팅팀(12개월 이내의 소셜벤처로, 사회문제의 혁신적 해결을 위한 창의적인 아이디어를 보유한 기업)
  - 엑셀러레이팅팀(연 매출 30억 원 이내의 과거 선정된 H-온드림 펠로우 기업 또는 창업 3년 이내 소셜벤처로, 사회적 임팩트가 크고 비즈니스적 성장 잠재력을 보유한 기업)
- 지원내용 : 사업비 지원, H-온드림 펠로우 자격 부여, 우수팀 인센티브 제공

IBK기업은행 소셜벤처 성장지원사업
- 지원기관 : IBK기업은행
- 지원대상 : 소셜벤처(3년 이내 법인사업자 중 청년 대표자)
- 지원내용 : 최대 2천만 원 사업 개발비 지원, 경영관리 교육, 멘토링

KDB 고용인프라 확충을 위한 사회적기업 지원사업
- 지원기관 : KDB나눔재단
- 지원대상 : 취약계층 일자리 창출에 기여하는 (예비)사회적기업
- 지원내용 : 연구개발비와 시설비 항목으로 최대 3천만 원 지원

LG 소셜캠퍼스
- 지원기관 : LG전자, LG화학
- 지원프로그램 : '옳은 미래'를 위한 친환경 분야 사회적기업을 선발해 육성
- 지원대상 : 친환경 분야 사회적기업
- 지원내용 : 공간 지원, 금융 무상 지원, 무이자 대출, 생산성 향상 컨설팅, 해외연수 등의 성장 지원

LH 소셜벤처 지원사업
- 지원기관 : 한국토지주택공사

- 지원대상
  - 창업지원분야(예비 창업자와 3년 미만 초기기업의 청년 대표자)
  - 성장지원분야(소셜벤처와 사회적경제기업)
- 지원내용 : 창업지원분야(팀별 1천만 원), 성장지원분야(팀별 최대 1억 원)

KT 따뜻한 기술 더하기 챌린지

- 지원기관 : KT그룹 희망나눔재단
- 지원프로그램 : 소셜벤처와 사회적기업을 대상으로 성장 지원금을 전달해 사회적경제 생태계 육성
- 지원대상 : 혁신적인 아이디어로 더 좋은 세상 만들기를 실현할 아이디어를 가진 기업
- 지원내용 : 성장 지원금

We-Star 발굴 프로젝트

- 지원기관 : 우리은행
- 지원대상 : 사회적기업가 육성사업 창업팀
- 지원내용 : 팀별 최대 1천만 원 이내 사업화 지원금 제공, 맞춤형 교육

2. 대기업과 공공기관의 CRS 현황

메르세데스-벤츠 사회공헌위원회
- 주요 취약계층 : 어린이, 스포츠, 청년, 환아
  - SDGs 3 → 기브앤레이스, 기브앤바이크
  - SDGs 4 → 어린이교통안전교육, 모바일아카데미, FC어린이벤츠
  - SDGs 10 → 이동편의성 지원, 올투게더

스타벅스커피 코리아
- 주요 취약계층 : 저소득층, 청년, 지역농가
  - SDGs 2 → 우리농산물사랑캠페인
  - SDGs 8 → 저소득층 아동 대상 : 희망배달캠페인
- 청년인재 발굴 : Starbucks Youth Leadership Program
  - SDGs 11 → 재능기부카페사업, 우리문화지키기

국내 대기업 CRS(2021년 1월 기준)

두산연강재단
- 주요 취약계층 : 문화예술
  - SDGs 4 → DAC Artist, 두산아트랩, 두산큐레이터워크샵, 두산아트스쿨, 두산인문극장

미래에셋박현주재단
- 주요 취약계층 : 지역아동센터, 다문화가정
  - SDGs 4 → 청소년비전프로젝트, 엄마아빠나라말학습교재
  - SDGs 8 → 글로벌문화체험단

삼성재단
- 주요 취약계층 : 문화예술, 청년, 시니어
  - SDGs 3 → 삼성노블카운티
  - SDGs 4 → 삼성드림클래스, 삼성아동교육문화센터

- SDGs 10 → 호암미술관, 악기은행, 피아노조율사 양성사업

아산나눔재단

- 주요 취약계층 : 청소년, 청년, 스타트업, 사회적경제기업
  - SDGs 4 → 아산유스프러너, 아산티처프러너, 아산서원, 아산프론티어아카데미
  - SDGs 12 → 정주영창업경진대회, MARU180, 아산상회, 파트너십온

아산사회복지재단

- 주요 취약계층 : 소외아동, 발달장애인, 저소득층
  - SDGs 3 → SOS의료비 지원사업
  - SDGs 10 → 소외아동청소년 지원사업, 발달장애 지원사업, 공동체네트워크 지원사업, SOS복지 지원사업

이랜드재단

- 주요 취약계층 : 대안가정, 위기가정
  - SDGs 3 → 이랜드클리닉
  - SDGs 4 → 이랜드양광(陽光) 장학사업
  - SDGs 11 → 물품 지원, 사랑의장바구니, 리프레쉬투어, 위기가정 지원사업

포스코청암재단

- 주요 취약계층 : 청소년, 청년
  - SDGs 4 → 아시아오피니언리더펠로십, 포스코드림캠프
  - SDGs 8 - 포스코사이언스펠로십

한진 일우재단

- 주요 취약계층 : 몽골, 캄보디아, 작가
  - SDGs 10 → 일우스페이스, 일우사진상
  - SDGs 11 → 문화재보존사업

현대자동차그룹 정몽구재단

- 주요 취약계층 : 문화예술, 다문화가정, 북한이탈주민, 저소득층, 보호종료아동, 사회적 기업
  - SDGs 3 → 온드림희망진료센터, 온드림실명예방
  - SDGs 4 → 문화예술 나눔사업, 온드림앙상블
  - SDGs 8 → 온드림미래산업인재 양성사업, 온드림스쿨, 온드림청사진, 온드림숲속힐링교실

CJ그룹 CSV

- 주요 취약계층 : 청소년, 시니어, 문화예술, 소상공인
  - SDGs 2 → 베트남농촌 개발사업

- SDGs 4 → CJ도너스캠프, 꿈키움아카데미
- SDGs 8 → 실버택배
- SDGs 10 → 튠업, 스테이지업, 스토리업, CJ아지트
- SDGs 11 → 즐거운동행

GS남촌재단
• 주요 취약계층 : 청소년, 시각장애인, 다문화가정
- SDGs 3 → 의료기기 지원
- SDGs 4 → FC서울다문화축구교실
- SDGs 10 → 시각장애인가족회점자프린터 지원, 희망의공부방 지원

KT그룹 희망나눔재단
• 주요 취약계층 : 문화예술, 저소득층, 청년, 소상공인
- SDGs 1 → IT서포터즈
- SDGs 4 → 스마트ICT스쿨, KT드림스쿨
- SDGs 10 → KT체임버홀
- SDGs 11 → 기가스토리프로젝트

KT&G복지재단
• 주요 취약계층 : 청소년, 저소득층, 청각장애인, 시니어
- SDGs 3 → 상상펀드의료비 지원사업, 캥거루의료비 지원사업, 수리소리마소리
- SDGs 4 → 행복가정학습 지원사업
- SDGs 10 → 사회복지기관차량 지원사업, 전국어르신탁구대회, 저소득위기가정 지원사업, 교복 지원사업

LG공익재단
• 주요 취약계층 : 다문화가정, 저소득층, 멸종위기동물
- SDGs 3 → 성장호르몬제 지원사업
- SDGs 4 → LG와함께하는사랑의다문화학교, 어린이집 건립사업
- SDGs 15 → 새집달아주기, 무궁화사업

SBS문화재단
• 주요 취약계층 : 문화예술
- SDGs 4 → 교사행복대학
- SDGs 10 → 드라마 극본공모, 웹드라마 극본공모, 올해의작가상

SK행복나눔재단
• 주요 취약계층 : 청년, 사회적경제기업
- SDGs 4 → SK뉴스쿨

- SDGs 8 → 청년인재 발굴 : SK대학생자원봉사단 SUNNY, 청년소셜이노베이터 LOOKIE
- SDGs 12 → 사회적경제기업 : 임팩트 투자, 세상파일, 뉴보리, Social Innovators Table(SIT)

두산 사회공헌
• 주요 취약계층 : 소방자녀, 아동, 청소년, 미혼모
- SDGs 4 → 우리두리, 다독거림, 토요동구밖교실, 두근두근책이랑놀자
- SDGs 11 → 소방가족마음돌봄, 시간여행자, 엄마의미래

송암스페이스센터
• 주요 취약계층 : 청소년, 과학
- SDGs 10 → 송암천문대, 태양관측과 별자리관측프로그램

신세계 사회공헌
• 주요 취약계층 : 아동, 청소년
- SDGs 4 → 희망장난감도서관, 키즈라이브러리

신세계아이앤씨 사회공헌
• 주요 취약계층 : 청년, 청소년, 사회적경제기업
- SDGs 4 → IT챌린지, 해커톤대회
- SDGs 8 → Mini Contest

아모레퍼시픽 사회공헌
• 주요 취약계층 : 여성암환자, 한부모가정, 청소년
- SDGs 3 → 메이크업유어라이프
- SDGs 4 → 밋유어드림
- SDGs 8 → 희망가게, 뷰피풀라이프

유한킴벌리 사회공헌
• 주요 취약계층 : 환경, 여성, 시니어
- SDGs 4 → NGO여성활동가리더십교육, 그린캠프
- SDGs 5 → 여성인권보호, 청소년월경교육, 가정내성평등의식제고캠페인
- SDGs 10 → 시니어비즈니스육성, 시니어산촌학교
- SDGs 15 → 우리강산푸르게푸르게

카카오 사회공헌
• 주요 취약계층 : 청소년, 정보취약계층
- SDGs 4 → 사이좋은디지털세상
- SDGs 11 → 카카오같이가치, 100up

코오롱 사회공헌

- 주요 취약계층 : 아동, 청소년
  - SDGs 4 → 에코롱롱, 오운문화재단, 꽃과어린왕자재단, 헬로드림

태광그룹 사회공헌위원회

- 주요 취약계층 : 문화예술, 그룹홈, 청년
  - SDGs 4 → 그룹홈학습지도, 일주수학학교, 세화고, 세화중, 따뜻한빛예술교실
  - SDGs 10 → 그룹홈예술교실, 행복나무소년소녀합창단, 신직작가지원전, 한국서예법첩 발간사업

한라 사회공헌

- 주요 취약계층 : 중증장애인
  - SDGs 3 → Walk together

호반건설 사회공헌

- 주요 취약계층 : 소외계층, 청소년
  - SDGs 4 → 호반사랑나눔이

LS 사회공헌

- 주요 취약계층 : 지역아동센터, 청년, 청소년, 문화예술
  - SDGs 4 → LS드림사이언스클래스
  - SDGs 11 → 대학생해외봉사단, 대학생기자단, 드림오케스트라, LS드림카

SK케미칼 사회공헌

- 주요 취약계층 : 아동
  - SDGs 15 → 희망메이커, 행복한그린스쿨

S-Oil 사회공헌

- 주요 취약계층 : 소방관, 해경
  - SDGs 11 → 영웅지킴이

농협재단
- 주요 취약계층 : 다문화가정, 저소득층, 청년
  - SDGs 4 → 어린이소망가꾸기, 농촌다문화청소년캠프
  - SDGs 8 → 파란농부
  - SDGs 11 → 다문화가정농촌정착 지원사업

새마을금고
- 주요 취약계층 : 청소년, 취약계층, 시니어
  - SDGs 11 → 노인복지시설 지원사업, 소년소녀가정 지원사업, 내집(HOME)잡(JOB)기, 저출산극복 지원사업, 아동복지 지원사업

신한은행
- 주요 취약계층 : 다문화가정, 저소득층, 청년
  - SDGs 4 → 금융경제교육, 신한어린이금융체험교실, 해피실버금융교실
  - SDGs 8 → 신한미소금융재단, JOB S.O.S 프로젝트
  - SDGs 10 → 아름人도서관
  - SDGs 11 → 문화재사랑캠페인, 한문화재한지킴이, 무형문화재 전통문화체험, 신라문화원
  - SDGs 15 → 전국환경사진공모전

신협사회공헌재단
- 주요 취약계층 : 저소득층, 에너지 빈곤층, 소상공인
  - SDGs 4 → 어부바멘토링, 어부바원어민영어교실
  - SDGs 7 → 온세상나눔캠페인
  - SDGs 10 → 공립형지역아동센터건립 지원사업
  - SDGs 12 → 협동조합창업과 육성사업, 전통시장 상생사업, 지역특화 지원사업

우리은행
- 주요 취약계층 : 아동, 청소년, 시니어
  - SDGs 4 → 어린이경제교실
  - SDGs 10 → 지역아동센터자매결연 지원
  - SDGs 13 → 희망나눔캠페인

KB국민은행
- 주요 취약계층 : 다문화가정, 청소년, 환경, 사회적기업
  - SDGs 4 → Dreaming Youth, Dreaming School
  - SDGs 12 → Dreaming Impact
  - SDGs 13 → Dreaming Green

강원랜드희망재단

- 주요 취약계층 : 폐광지역소상공인, 사회적경제기업
    - SDGs 12 → 폐광지역영상콘텐츠 지원사업, 폐광지역유통 지원사업
    - SDGs 8 → 취약계층 : 하이원베이커리 , 폐광지역일자리 지원사업
    - SDGs 9 → 폐광지역정책개발

건강보험심사평가원

- 주요 취약계층 : 아동, 환우, 시니어, 문화소외계층
    - SDGs 2 → 희귀난치병환우치료비 지원, 건강플러스행복캠프
    - SDGs 4 → 희망동화책, 휴먼스토리프로젝트, 어린이건강지킴이교실
    - SDGs 10 → 디딤씨앗통장, 사랑나눔콘서트

국가철도공단

- 주요 취약계층 : 아동
    - SDGs 4 → KR소년단희망프로젝트

국립공원공단

- 주요 취약계층 : 다문화자녀, 문화소외계층
    - SDGs 15 → 문화희망키우기, 국립공원사회서비스

국민건강보험공단

- 주요 취약계층 : 다문화가정
    - SDGs 3 → 의료봉사단
    - SDGs 4 → 건강보험작은공부방

도로교통공단

- 주요 취약계층 : 교통취약계층, 장애인
    - SDGs 4 → 교통취약계층교통안전교육, 직업체험교육
    - SDGs 11 → 장애인지원센터, 교통안전창구 지원

한국관광공사

- 주요 취약계층 : 저소득층, 장애인, 다문화가정, 문화유산
    - SDGs 10 → 장애인희망여행, 다문화가족초청프로그램
    - SDGs 11 → 구석구석나눔여행, 문화재지킴이활동, 관광지모니터링

한국광해광업공단

- 주요 취약계층 : 소상공인, 북한이탈주민, 다문화가정
    - SDGs 4 → 자원개발 관련 특성화고 지원

- SDGs 7 → 사랑의에너지나눔
- SDGs 8 → 매칭그랜트

한국국토정보공사
- 주요 취약계층 : 아동
  - SDGs 4 → 공간정보재능기부, 자유학기제학생체험활동 지원, 찾아가는발레이야기

한국수자원공사
- 주요 취약계층 : 농촌지역, 청소년, 취약계층, 시니어
  - SDGs 3 → 행복가득水프로젝트, K-water 사랑샘터
  - SDGs 4 → 물드림캠프, 희망멘토링
  - SDGs 15 → 맑은물나눔활동

한국전력공사
- 주요 취약계층 : 에너지취약계층, 환경, 사회적기업
  - SDGs 4 → 취약계층아동멘토링
  - SDGs 7 → 사랑의에너지나눔
  - SDGs 8 → 사회적기업판로 지원, 임팩트 투자
  - SDGs 10 → 미아찾기캠페인
  - SDGs 15 → 푸른숲가꾸기, 자연환경보호

3. 사회적기업 인증제도의 변천사

연도	내용
2008년	- 조직형태 사업단 인정
2009년	- 조직형태 사업단 세부 인증기준 구체화 - 유급근로자 고용을 영업활동 기준에 포함해 규정 - 사회적 목적 실현판단 세부기준 신설과 확인방법 규정 - 의사결정 구조 판단 세부기준 신설과 확인방법 규정 - 「상법」상 회사 지분 제한요건 신설 - 대표와 그 친인척 과반수 이상 주식소유 제한 - 영업활동을 통한 수입판단 세부기준 신설과 확인방법 규정
2010년	- 조직형태 사업단 세부 인증기준 추가 · 모법인 임직원의 사업단 비상임 임직원 겸임 인정 · 분리독립계획서 제출 · 사업단의 사업자등록증 제출 - 영농조합법인 인증기준 추가 - 공공기관 등 불인정 명시 - 유급근로자 고용요건 세부기준 분리 규정 - 최소 유급근로자 고용기준 신설 - 사회적 목적 실현판단 세부기준 보완 : 사회 서비스 정의, 서비스 제공 대상자, 고용대상기준, 취약계층 범위 명시 - 기타형 사회적기업 예시 · 「상법」상 회사 지분 제한요건 폐지 · 다양한 이해관계자 중 최소 또는 필수 참여자 범주 신설 · 영업활동 기간이 1년 이상인 경우 최소 1년 이상 기간의 재무제표 제출과 검토 - 정관 세부기준 별도 분리 규정 · 정관규약 내용 · 증빙자료 공증 관련 사항 명시 · 이윤 재투자 세부기준 별도 분리 규정

2011년	- 인증받은 사회적기업의 사업단 인증방법 추가 - 일자리제공형 최소 유급근로자 고용요건 추가 - 취약계층 일자리제공 산정방법 개정(6개월 평균 → 매월) - 노인 장기요양기관 별도 사회 서비스 제공 실적요건 신설 - 지역사회공헌형 인증 시 참고기준 명시 - 자활공동체 영업실적 인정기준 명시
2012년	- 인증사회적기업의 본점과 지점 인증 원칙 - 성실 공익법인의 경우 예외적으로 사업단 수익사용 인정 - 자체 고용근로자 요건 추가 - 지역사회공헌형 의제 설정과 세부기준 명시 - 지역사회공헌형 사례 추가 - 회의 개최실적 명시요건 추가 - 계절수요를 가진 업종의 영업활동을 통한 실적 평가기간 변경 - 배당 가능한 이익해석 규정
2014년	- 사회 서비스 바우처 업종 세부 인증기준 추가 - 지역사회공헌형 유형 추가 　· 사회문제 해결유형 　· 사회적 목적 추구조직 지원유형 - 영업수입 대비 총 노무비 비율 상향 명시
2015년	- 사회적협동조합 대상 인증요건 완화 : 조직형태, 사회적 목적 실현, 의사결정 구조 등 - 비영리법인/단체 내 사업단 형태에 대해 2015년 12월 31일까지 한시적 신청 인정 - 대표자의 겸직 등으로 독립성 여부의 판단이 필요한 경우에 대한 기준 마련 - 유급근로자 판단기준 명확화(고용보험 가입자 기준, 6개월 평균 근로자 수) - 자체고용근로자 기준 폐지 - 취약계층 범위 구분(취업 취약계층, 사회 서비스 취약계층) - 일자리제공형의 경우 취약계층에게 괜찮은 일자리 제공요건 추가 - 주된 의사결정 구조의 기준 명확화 　· 이사회를 기준으로 하되 비영리법인 또는 조합은 조직의 특성상 불가피할 경우 위원회 심의를 통해 다른 유형의 의사결정기구 인정 가능

2015년	· 유형과 관계없이 근로자 대표 참여조항 추가 - 지속 가능성을 판단하기 위한 수익성, 안정성, 성장성 지표기준 추가
2016년	- 비영리법인, 단체사업단의 한시적 인증규정 삭제 - 정부, 공공기관의 출연(출자)기관 또는 자치단체의 출연을 받아 운영하는 조직, 공공기관의 조직형태 신청 불가항목 삭제 - 일자리제공형 신청 시 괜찮은 일자리 적용요건 완화(전체 인원 중 법정 해당요건 30% 이내 인원에 대한 적용 여부 확인) - 신청기관 근로자의 6개월 이내 고용조정 사실 확인에 관한 조항 포함 - 다양한 이해관계자의 이사회 취임 이후의 회의실적 인정 - 지분투자 등에 따른 일반기업(모기업 포함) 임직원의 의사결정기구 참여가능 추가
2017년	- 신청기업 대표자가 기존 인증사회적기업 대표자와 동일한 경우 사회적기업 인증제한 완화 - 조직의 주소, 인사, 회계 등 중복 여부 등 실질적 독립성 검토 심의 　· 유급근로자 고용인원 산정에서 제외되는 근로자 범위 명확화(대표자의 배우자, 대표자와 배우자의 직계존비속, 임원) - 당해년도 배분 가능한 이윤을 손익계산서상 당기순이익에서 이익잉여금처분계산서상 법정 적립금액을 차감한 금액으로 인정 - 이해관계자가 참여하는 의사결정 구조 운영실적 제출부담 완화(공증의무 면제)
2018년	- 신청기업의 지점(또는 지부, 지회)과 관련한 기준 명확화 　· 법인등기사항전부증명서상 지점으로 등재되어 있어야 하고 사업자 등록이 없는 지점(또는 지부, 지회)은 인증요건 실적에서 제외 - 정부, 공공기관 출연(출자)기관 또는 자치단체 출연으로 운영하는 조직, 공공기관의 조직형태 신청 불가항목 추가 - 사회서비스제공형 신청 시 사회 서비스 업종범위를 한국표준산업분류의 P, Q, E, R, A, S, T, N 중 해당 업종(11개)에 한정하지 않고 위원회의 심의를 통해 확대 - 보조금 부정수급으로 유죄판결을 받았거나 부정수급액 환수 또는 약정 해지 등 제재를 받았을 때 그 제재가 종료된 날로부터 3년이 지나지 않으면 인증받을 수 없도록 변경 - 사회적기업으로 인증된 뒤 새로운 사업체를 설립한 경우 사업체간 운영의 실질적 독립성이 있는지에 따라 인증요건 유지 - 인증서 재발급 요건 명확화

2019년	- 유급근로자 고용요건 완화 　·일자리제공형의 경우 5인 이상에서 평균 3인 이상으로 고용 - 사회적 목적 실현요건 완화 　·6개월 미만이어도 그 동안의 영업활동 실적으로 판단 - 기타형은 창의·혁신형으로 명칭 변경 - 취약계층 고용실적 또는 사회 서비스 제공실적 30% 유지(일몰 시행령 규정 삭제)

"당신의 소셜미션은 무엇인가?"라는 질문에 답을 하면서 사회적기업의 미션과 비전이 완성되어가고 더불어 비즈니스 모델이 구체화된다. 사회적기업은 단숨에 만들어지는 것이 아니다. 물론 일반 기업도 마찬가지다. 본 책에서는 사회적기업의 다양한 비즈니스 모델과 최신 트렌드, 대기업과 공공기관의 CSR을 소개해 자신의 비즈니스에 대해 고민할 수 있는 최소한의 기준을 보여주고자 했다.

코로나 19로 인해 너무나도 많이 변해버린 요즘, 사회적경제기업 중 사회적기업이 더욱 주목받을 수 있는 시대가 되어가고 있다. 그러나 하나의 비즈니스, 기존의 비즈니스를 고수하는 것은 어쩌면 시대상을 따라가지 못하는 결과를 초래할 수 있다. 시대가 변함에 따라 대표, 임직원, 그리고 비즈니스 모델도 변화해야 한다.

여러 교육과 컨설팅을 통해 다양한 정보를 수집해 본 책을 완성했다. 더 많은 비즈니스 모델 발굴을 위해 현재도 진행 중이나 매년 변경되는 내용이 있기에 필요한 정보는 자체적으로 한 번 더 확인할 필요가 있다.

사회적기업은 세상의 변화를 만들어갈 기회의 발판이 될 수 있다. 일반 기업과 비교해 아직은 다양한 비즈니스 모델이 부족한 편이지만 소셜벤처가 육성되고 여러 가치를 가진 창업자를 통해 비즈니스 모델의 다양성과 산업분야의 스펙트럼이 넓어지고 있는 것은 사실이다. 사회적기업의 모델은 취약계층 고용이나 사회 서비스를 제공하는 기존 모델에서 남녀의 장벽을 허문 유니섹스 디자인, 장애인과 비장애인이 함께 이용하는 유니버설 디자인같이 일반 기업과 사회적기업의 장벽을 허물고 상생할 수 있는 비즈니스 모델로 변모하고 있다. 필자도 고용노동부의 사회적기업가 육성사업을 시작으로 다양한 사회적기업 교육과 컨설팅을 통해 한 단계씩 성장하고 있다.

"시작이 반이다"라는 말처럼 본 책을 읽는 당신도 사회적기업에 한 발짝 다가서 긍정적인 인식을 갖는 데 도움이 되길 바란다. 더불어 사회적기업 비즈니스 모델을 처음 접하거나 피봇을 시도하려는 사람에게 본 책이 조금이나마 도움이 되길 바라는 마음이다.